GRANDI MANUALI NEWTON

514

Della stessa autrice:

Zenzero e curcuma
101 perché sulla storia di Firenze che non puoi non sapere

Tavole fuori testo: © Shutterstock

Prima edizione: maggio 2018

ISBN 978-88-227-1810-5

www.newtoncompton.com

Realizzazione a cura di Librofficina
Stampato nel maggio 2018 presso Puntoweb s.r.l., Ariccia (Roma)
su carta prodotta con pasta termomeccanica,
senza utilizzo di cloro, proveniente da foreste controllate,
nel rispetto delle normative europee vigenti in tema ambientale

Ippolita Douglas Scotti

Le miracolose virtù dei superfood

Scopri i super-benefici di una dieta
basata sui cibi più salutari al mondo

Newton Compton editori

INTRODUZIONE

Il cibo è necessario ed è il nostro collegamento diretto con la natura. Interagisce con il corpo in modi complessi, svolgendo un ruolo importante nella composizione delle cellule e nel loro rinnovamento, non solo influenza il metabolismo, ma perfino le emozioni.

Se l'alimentazione era considerata la medicina del passato, riscoprire i valori di alcuni cibi è la medicina del futuro perché la natura ci ha fornito un'immensa quantità di alimenti ad alta concentrazione salutare.

Esistono dei cibi considerati da millenni tradizionalmente miracolosi da varie culture, e la scienza ha confermato che contengono un elevato tasso di sostanze benefiche biodisponibili per il nostro corpo, infatti, grazie alle loro spiccate proprietà nutraceutiche e terapeutiche, sono definiti "superfood".

Fra questi nutrimenti dalle qualità portentose rientrano bacche, frutti, germogli, semi, rizomi, alghe, verdure, spezie e anche alcune proteine animali e sostanze antiossidanti presenti nei vari tipi di uova, latticini e nel pesce.

Il potere di questi alimenti così preziosi per la nostra salute dipende anche dai metodi di coltivazione, cottura e conservazione e, a volte, dalle associazioni con altri cibi la cui sinergia ne potenzia l'assimilazione.

I superfood, per espletare al massimo le loro funzioni nutritive, devono essere sempre integrati nella dieta quotidiana. Questi cibi a elevata concentrazione di nutrienti benefici possono aiutare a rafforzare il sistema immunitario, combattere malattie, fornire più energia, favorire le azioni metaboliche generali. Mangiare bene e assumere sostanze appropriate esercitano infatti un'azione determinante e positiva sulla salute, abbassando il rischio di malattie genetiche, influendo sui fattori epigenetici che determinano patologie degenerative, prevenendo la formazione di tessuti tumorali; inoltre, purificano il corpo dalle tante tossine accumulate quotidianamente.

Le sostanze che aiutano a migliorare lo stile di vita, apportando benefici fisici e psicologici, sono tutte concentrate nei superfood ed è per questo motivo che includere almeno uno di essi a ogni pasto è fondamentale per godere degli effetti salutari.

Nella lista dei superfood sono descritte non solo le proprietà di ogni alimento esaminato, ma anche i più efficaci metodi di utilizzo per mantenerle intatte, le associazioni alimentari che ne potenziano l'assimilazione, in un ricettario originale che aiuta a realizzare i piatti più efficaci, senza dimenticare mai il gusto e l'equilibrio nutrizionale. Le 300 ricette proposte si confanno con la corrente salutista dei nostri giorni ma, allo stesso tempo, resistono alle mode del momento e rispettano la tradizione, preservando e incrementando il benessere del corpo e della mente.

Vi sono incluse prelibatezze di ispirazione etnica e tendenze fusion più attuali, che comprendono anche alimenti di recentissima diffusione, e sono impostate per integrare nella dieta lo straordinario bagaglio nutrizionale che ogni superalimento porta con sé.

Per trarre il massimo giovamento dai superfood, è bene preferire sempre prodotti freschi, non raffinati e di origine biologica, in modo da assimilare correttamente i principi attivi presenti in natura.

Fra questi cibi vi sono molti alimenti autoctoni, ma anche

alcuni più esotici e curiosi; tutti gli ingredienti, di cui molti "glocal", sono facilmente reperibili anche sul mercato italiano e l'esecuzione delle ricette è impostata per essere accessibile a tutti, quindi veloce e semplice.

ALGHE

Questo dono delle acque, da sempre apprezzato in Oriente, è recentemente apparso in modo sempre più insistente sulle nostre tavole ed è diventato un cibo ricercato grazie allo straordinario quadro nutrizionale che offre e al gusto delicato ma peculiare che lo rendono un ingrediente fondamentale per tante ricette innovative. Oltre alle alghe d'acqua marina, anche le polveri di microalghe d'acqua dolce, che sono un incredibile concentrato di nutrienti benefici, trovano spazio in molte preparazioni culinarie.

ALGHE D'ACQUA DOLCE
Chlorella e spirulina

La **chlorella** (*Chlorella vulgaris*), il cui nome deriva dal termine greco χλώρος, che significa verde, è un organismo unicellulare altamente nutriente, formatosi più di 2,5 miliardi di anni fa, i cui cloroplasti contengono pigmenti fotosintetici, come la clorofilla A e B, in una concentrazione elevatissima. È infatti la maggiore fonte alimentare di clorofilla, che è un efficace disintossicante epatico. Nella chlorella è racchiuso uno straordinario cocktail di sostanze nutritive che includono proteine e oltre una ventina di minerali e vitamine, comprese quelle del gruppo B, fra le quali la B12 in forma completamente biodisponibile, la A, la C e la K, inoltre è una fonte valida di ferro, magnesio e calcio. Questa microalga ripulisce l'intestino anche grazie all'apporto di fibra, è un catalizzatore enzimatico importante per l'assorbimento di varie sostanze fra cui il ferro, migliora le funzioni metaboliche, è energizzante, normalizza il livello di zuccheri nel sangue, abbassa il colesterolo, equilibra la pressione e il pH ematico e supporta la salute del sistema cardiovascolare.

In aggiunta, agevola il riequilibrio dell'assetto ormonale ed è un valido aiuto naturale per contrastare i sintomi della menopausa. La primordiale struttura molecolare unica della chlorella permette di chelare, ovvero neutralizzare tramite legame, i metalli pesanti, tra cui l'arsenico, il cadmio, il mercurio e il piombo, ed eliminarli dall'organismo; per questa preziosa caratteristica, l'assunzione facilita la depurazione dai metalli pesanti aiutando anche a eliminare gli effetti collaterali di radio e chemioterapia.

La chlorella riduce sensibilmente lo stress ossidativo, causato da superaffaticamento, inquinamento e dieta povera, rallentando il processo di invecchiamento cellulare, quindi viene considerata anche un potente *antiaging* grazie alla presenza di glutatione, un tripeptide formato da glicina, cisteina e acido glutammico con potentissime proprietà antiossidanti. Il glutatione protegge le cellule epatiche e innalza la resistenza ossidativa delle altre cellule, contrastando la formazione di radicali liberi. Questa sostanza non è presente nell'altra alga edibile d'acqua dolce, la spirulina.

La chlorella ha anche proprietà antitumorali e stimola le difese naturali del corpo.

Studi scientifici iniziati negli anni Cinquanta dal dottor Fujimaki del Tokyo Science Institute hanno determinato l'incredibile fattore di sopravvivenza e riproduzione di quest'alga, conosciuto come CGF (Chlorella Growth Factor). Tale fattore favorisce la crescita di piante e animali e ha un'azione riparatrice e rivitalizzante che promuove la guarigione di organi e tessuti danneggiati.

Per le numerose proprietà riscontrate nel ricchissimo pool nutrizionale della chlorella, quest'alga è impiegata nelle preparazioni alimentari destinate agli astronauti e nel nutrimento di individui affetti da anoressia o debilitati.

La chlorella va consumata in polvere, perché allo stato naturale non è digeribile, e viene espulsa integra. I preziosi nutrienti contenuti vengono resi biodisponibili solo con la rottura della parete cellulare che contiene cellulosa.

La polvere può essere impiegata nelle ricette con prodotti da forno, salse, in frullati e yogurt.

La sinergia con la spirulina, altro superfood dai risultati portentosi, potenzia gli effetti benefici di entrambe le alghe.

La **spirulina** (*Arthrospira platensis*) è una primordiale microalga azzurra d'acqua dolce, classificata come cianobatterio e presente sulla Terra da 3,8 miliardi di anni. Insieme ad altre microalghe, è la responsabile della trasformazione dell'atmosfera del nostro pianeta.

Essendo un procariota, ha una struttura cellulare primitiva che la rende altamente digeribile.

È considerata uno dei più eccellenti superfood, perché racchiude un microcosmo nutrizionale quasi completo.

A parità di peso, contiene il 20% in più di ferro e proteine della carne di manzo.

Può essere usata come supplemento o integratore, ma è anche un ottimo ingrediente per la preparazione di molti piatti e il suo colore intenso regala un tocco scenografico che rende attuale anche la ricetta più semplice.

La spirulina è una valida alternativa all'olio di fegato ittico, in quanto i pesci assimilano gli antiossidanti del gruppo Omega proprio dall'assunzione di microplancton.

Inoltre è una fonte di ficocianina, un pigmento proteico con potere antiossidante, rinvigorente del sistema immunitario, con la prerogativa di rafforzare la membrana cellulare e proteggere così il corpo da attacchi esterni, come per esempio quelli dei virus. Questa microalga contiene oligoelementi minerali fondamentali per la salute come ferro, sodio, magnesio, manganese, calcio, iodio e potassio. Oltre alla considerevole quantità di ferro biodisponibile, utile per contrastare l'anemia, la spirulina è una valida fonte naturale di enzimi, oligoelementi e vitamine, come la K e quelle del gruppo B.

La spirulina è facilmente digeribile e ricca di aminoacidi essenziali (fenilalanina, isoleucina, leucina, lisina, metionina, treonina, triptofano e valina) che le forniscono un alto valore proteico; inoltre, è la fonte di una vitamina importantissima, la B12, non presente nei vegetali in quantità apprezzabili. Questo coenzima è fondamentale nei processi emopoietici e nel metabolismo del sistema nervoso.

Nel profilo nutrizionale della spirulina è presente l'acido γ-linolenico (GLA), un isomero dell'acido α-linolenico, che è l'acido grasso Omega 6, difficilmente riscontrabile in altri alimenti e che gioca un ruolo cruciale per la funzione cerebrale, la salute dell'apparato riproduttivo, la crescita e lo sviluppo – anche della pelle e dei capelli –, la salute delle ossa e aiuta a regolare il metabolismo abbassando i livelli del colesterolo e prevenendo i danni dell'invecchiamento.

L'assunzione è indicata durante regimi dietetici per la sua azione tonica per cui fornisce energia senza far aumentare di peso.

La spirulina è quindi importante nella rivitalizzazione fisica, ma, grazie alla considerevole quantità di clorofilla, questa microalga è anche detossinante ed è utile nel trattamento di malattie autoimmuni e infiammazioni.

La spirulina, usata fin dall'antichità dagli Aztechi, che la raccoglievano nel lago Texcoco e la chiamavano *tecuitlatl,* è molto versatile in cucina: il modo più semplice per assumerla è mescolarla in polvere in bevande e preparazioni a crudo come gelati, frullati, salse, composte e pesti. Il suo colore carico e brillante rende originale e magica ogni pietanza.

Incentivare la consumazione di microalghe riveste anche un ruolo ambientale importante per il futuro del pianeta, perché le sostanze nutrienti concentrate in questi organismi acquatici sono maggiori di quelle contenute nelle piante coltivate e ciò combatterebbe il sovraffollamento delle coltivazioni vegetali sulla Terra. Anche se ancora in fase sperimentale, i benefici effetti della spirulina sono stati notati introducendo la microalga nei mangimi zootecnici.

Inoltre, assieme alla chlorella, la spirulina è usata dalla NASA per nutrire adeguatamente gli astronauti nello spazio.

ALGHE MARINE
Arame, dulse, kombu, nori e wakame

Le alghe marine sono utili nella remineralizzazione dell'intero organismo, contengono preziosi oligoelementi e un'intensa concentrazione di aminoacidi.

Dal piacevole gusto salmastro, sono diventate un elemento prezioso per la dieta e un ingrediente indispensabile della cucina salutista d'avanguardia.

Si possono trovare sia fresche sia essiccate al sole e vengono usate in zuppe, sushi, insalate e contorni, o in condimenti sapidi come il gomasio.

Alcune di queste alghe sono così ricche di proprietà nutraceutiche da essere considerate superfood.

L'**arame** (*Eisenia bicyclis*) è un'alga bruna che viene raccolta in Giappone, nella costa settentrionale del Pacifico. È particolarmente ricca di betacarotene, un efficace antiossidante responsabile della luminosità della pelle, e di componenti minerali come ferro, fosforo, iodio, calcio, rame, magnesio, potassio, zinco.

È inoltre ricca di vitamine come A, C, E, K e quelle del gruppo B.

Ha proprietà antivirali ed è consigliata agli sportivi perché previene i crampi muscolari.

Prima di essere consumata, l'alga arame essiccata ha bisogno di rinvenire a mollo in acqua a temperatura ambiente o di essere scottata in acqua bollente, e, dopo essersi reidratata, raddoppia il suo volume. Il suo gusto delicato e dolce, grazie alla presenza di mannitolo, è molto apprezzato in cucina anche dagli occidentali e lo rende un alimento versatile per zuppe, brodi, salse e contorni.

L'assunzione di arame costituisce un valido aiuto per i disturbi dell'apparato riproduttivo femminile e dell'impotenza maschile, regola la pressione sanguigna e, per l'elevato contenuto di iodio, stimola la funzionalità tiroidea e accelera il metabolismo.

L'arame è anche un'importante fonte di fibre che favoriscono il transito intestinale, quindi è indicata per problemi di stipsi e per purificarsi dalle scorie.

La **dulse** (*Palmaria palmata*) è un'alga bruna atlantica dalla consistenza simile al cuoio che viene raccolta a mano durante la bassa marea e poi essiccata al sole e al vento. Da millenni, quest'alga fa parte della tradizione culinaria delle popolazioni nordiche delle coste atlantiche e in passato ha alimentato fiorenti economie di scambio, tanto da essere utilizzata in Islanda come moneta corrente. Gli Inuit se ne servivano come scorta di vitamine durante le stagioni più rigide.

Il colore bruno-rossastro è dovuto alla concentrazione di ferro, ma contiene anche quantità apprezzabili di vitamina C – i marinai inglesi del XVII secolo, masticandola, prevenivano lo scorbuto –, A, K e B12, oltre che lisina, un aminoacido essenziale scarsamente presente nelle forme vegetali, utile contro l'herpes, e minerali come iodio, potassio, fosforo e magnesio. Costituisce anche una preziosa fonte di grassi antiossidanti Omega 3.

La consumazione di quest'alga è indicata contro lo stress e in caso di anemia, infatti studi confermano che 8 g di dulse essiccata contengono più ferro di un etto di filetto di manzo.

Inoltre, per lo iodio presente, quest'alga regola le funzioni tiroidee e protegge la pelle dai raggi solari. La dulse gode di efficaci proprietà antinfiammatorie e antiossidanti.

Ha un gusto inconfondibile, piccante e stimolante, favorisce la digestione, viene usata in cucina anche per addensare salse e budini.

Con alga **kombu** viene commercializzato un vasto gruppo di alghe brune del genere *Laminaria* provenienti dal Sud-Est asiatico, ma raccolte anche lungo le coste atlantiche della Bretagna.

La kombu fornisce al nostro organismo notevoli quantità di minerali come potassio, fosforo, magnesio, zinco, calcio, ferro e iodio. È indicata come fonte vegetale di ferro e di iodio per combattere disturbi tiroidei e aiuta a prevenire l'anemia; inoltre, grazie alla quantità di calcio contenuta, protegge denti e ossa. Nella kombu sono presenti le vitamine A, B1, B2 e C. In aggiunta, è una fonte importante di fibre, rafforza il sistema immunitario, ha un effetto alcalinizzante e facilita la digestione.

Questo gruppo di alghe offre un quadro nutrizionale molto ricco che comprende anche il fucoidano, un polisaccaride solfatato efficiente contro l'artrite reumatoide.

La kombu è un ingrediente fondamentale nel dashi ed è gastronomicamente poliedrica. Grazie poi all'elevata concentrazione di acido glutammico, responsabile del gusto umami, può essere usata anche al posto del sale. Inoltre favorisce il transito intestinale per il contenuto in alginato di sodio, un polisaccaride che forma un rivestimento gastrico di gel colloidale. La kombu purifica la pelle e tutto l'organismo e, per la presenza di laminarina, ha un'azione ipocolesterolemizzante.

Data l'elevata quantità di iodio, deve essere assunta con parsimonia.

L'acido glutammico contenuto in quest'alga ammorbidisce proteine come legumi e castagne, ne esalta il sapore e ne favorisce la digestione.

Nori: con questo nome si intendono varie specie di alghe brune del gruppo *Porphira,* che sono un concentrato di sostanze benefiche. Il nori contiene vitamine A, B1, B2, B6, B12, C, D, E e K, ed è una fonte di niacina, Omega 3, acido folico e taurina. Inoltre contiene 10 volte di più di calcio del latte. L'alto livello di vitamina C aumenta la biodisponibilità del ferro presente e i fitonutrienti sono fondamentali per eliminare le tossine dal nostro corpo.

Inoltre, come le altre alghe, combatte il colesterolo, purifica il sangue e regolarizza il metabolismo dei grassi. Recenti studi scientifici hanno dimostrato che le sue qualità antiossidanti possono avere consistenti effetti antitumorali. Il nori contiene preziosi acidi grassi, come il linoleico, il linolenico e l'arachidonico, e altri importanti nutrienti come gli aminoacidi, compresa la taurina, oltre a pigmenti antiossidanti come i carotenoidi, preziosi alleati della luminosità della pelle.

L'uso del nori in Oriente risale al IV secolo e, ridotta in fogli tostati, quest'alga è molto popolare per la preparazione del sushi e del maki, marinata in salsa di soia e olio di sesamo può essere utilizzata come condimento per legumi e cereali, ed è ottima come snack da sgranocchiare.

La **wakame** (*Undaria pinnatifida*) è un'alga bruna marina invasiva che cresce fino a 12 metri di profondità, ancorata ai fondali rocciosi delle baie e dei sublitorali delle regioni temperate di Giappone, Corea e Cina, e le correnti che la agitano ne determinano la tenerezza.

Quest'alga ha un gusto delicato e un ottimo contenuto nutrizionale e, essendo estremamente ricca di proteine con una quantità media di 16,3 g per etto di prodotto, ha rappresentato una fonte di sostentamento importantissima fin dal 700 a.C. La wakame contiene tutti gli aminoacidi essenziali che contribuiscono per il 47,1% all'apporto proteico totale.

Contiene iodio, indicato per una salute ottimale della tiroide, e magnesio, utile per la funzione muscolare e del cuore. È anche una valida risorsa di calcio, ferro, selenio, fosforo, sodio e potassio, niacina (vitamina PP) – essenziale per il regolare funzionamento del sistema nervoso – acido folico, vitamine del gruppo B e A, C, E, K ed è uno dei rari vegetali a contenere la vitamina D.

Inoltre è presente un carotenoide chiamato fucoxantina, utile a ridurre il grasso addominale.

È indicata per contrastare debolezza, stanchezza e ridotta concentrazione, ma è anche un enfatizzante di bellezza perché la sua assunzione regolare combatte la fragilità e opacità di unghie e capelli.

L'alga wakame è un ingrediente comune nelle zuppe, nei brodi e nelle insalate giapponesi.

ACAI

Le bacche di acai (*Euterpe oleracea*) sono il frutto di una palma amazzonica il cui nome deriva dal portoghese *ïwaca'i* che, nella lingua della regione del Tupinambarana, il litorale da Bahia a Rio de Janeiro, significa "frutto che piange".

Sono usate da sempre dagli Indios che ne hanno fatto l'alimento principale della loro dieta, in quanto l'acai è molto nutriente e salutare, con una elevatissima concentrazione di vitamine e sostanze antiossidanti. Di solito, nel nostro mercato le bacche sono vendute essiccate perché si deteriorano rapidamente, ma si possono trovare anche in succhi di frutta e gelatine.

Il loro alto contenuto in sostanze nutrienti biodisponibili le rende un superfood terapeutico che può avere un utilizzo poliedrico e innovativo in gastronomia.

Particolarmente ricca di vitamina E, questa bacca prodigiosa contiene anche vitamine del gruppo B, vitamina C, acidi grassi essenziali del gruppo Omega che, oltre a essere potenti antiossidanti, hanno un'azione ipocolesterolemizzante nel plasma sanguigno e aiutano il trasporto e l'assorbimento delle vitamine liposolubili A, D, E e K, svolgendo una funzione protettiva sul cuore e sul sistema circolatorio.

Le bacche di acai sono dei naturali energizzanti e rimineralizzanti che apportano significative quantità di calcio, ferro, potassio e fosforo.

Le virtù di questi frutti dall'esocarpo purpureo sono molteplici e alcune vengono potenziate se si assumono insieme ad altri alimenti che presentano un aspetto nutrizionale con elevate qualità.

In sinergia con le bacche di goji, l'effetto antiossidante aumenta, l'acai con la curcuma invece può aiutare a prevenire il cancro, e se si utilizza sia con le bacche di goji sia con la curcuma si riscontra un notevole abbassamento del livello del colesterolo.

Assunte poi in sinergia con il maca, sembra che le bacche di acai abbiano un prorompente effetto afrodisiaco e ricostituente. Sono anche utilizzate insieme all'aloe vera nella cura di dermatiti ed eczemi e, insieme alla spirulina, gli effetti di entrambi i superfood si rafforzano reciprocamente.

Le bacche assunte da sole sono toniche, rafforzano il sistema immunitario, proteggono quello cardiocircolatorio, purificano la pelle e l'intestino e sono un toccasana per unghie e capelli fragili; inoltre, la loro quantità di fibra aiuta il transito intestinale.

Possono essere assunte in frullati e sorbetti, mescolate a yogurt e muesli, o usate in salutari Power Bowl.

AMARANTO

L'amaranto (*Amaranthus caudatus*) è uno pseudocereale sudamericano coltivato dalle civiltà precolombiane per le sue proprietà nutrienti ed energizzanti, ma anche per scopi religiosi.

Gli Aztechi lo chiamavano "il seme degli dèi", ne impastavano i semini rotondi con farina di mais, succo di agave e sangue umano sacrificale per poi plasmare un'effige sacra zoomorfa, denominata *tzoalli*, che rappresentava il dio del sole e della guerra Huitzilopochtli; tale preparazione veniva distribuita e mangiata al termine del rito propiziatorio.

Per questo motivo, e non comprendendo assolutamente l'elevato valore nutrizionale, gli ottusi *conquistadores* bruciarono le piantagioni di amaranto e ne proibirono la coltivazione non approvata dalla Chiesa, la quale, in maniera ugualmente sanguinaria, inflisse la pena del taglio delle mani per chi veniva sorpreso a coltivare di nascosto questa pianta.

Ma alcuni esemplari, accuditi in religioso segreto dagli indigeni, sopravvissero e si propagarono, e, dopo più di 400 anni, i purpurei campi di amaranto emersero anche in Asia e in Africa.

Le infiorescenze dell'amaranto sono cariche di semi e rendono la pianta molto estetica, tanto che, prima di valorizzarne l'utilizzo gastronomico, era conosciuta a scopo ornamentale.

L'amaranto ha un quadro nutrizionale maggiore rispetto ai cereali, perché contiene il doppio di lisina, un aminoacido essenziale carente in quasi tutti i cereali, e un elevato contenuto di ferro e proteine biodisponibili, che supera quello dei legumi.

L'amaranto è una pianta completamente edule e le sue foglie, soprattutto utilizzate nella cucina indocinese, sono ricche di ferro e vitamine; inoltre, ha scarsissime esigenze idriche e prospera anche in situazioni di siccità. Questo pseudocereale è apprezzato anche per il basso indice glicemico e per i preziosi minerali che apporta all'organismo, come calcio, magnesio, ferro e fosforo. Contiene vitamine del gruppo B, vitamina C, E e una grande incidenza di folati che vengono trasformati dall'intestino in acido folico, importantissimo per la crescita, lo sviluppo e il sistema nervoso. L'amaranto presenta anche acido aspartico, arginina, serina, alanina, acido glutammico e piridossina, fondamentale per la funzione della guaina mielinica che regola l'efficienza dei neurotrasmettitori.

Inoltre, l'elevato contenuto di fibre ha un effetto benefico sui processi digestivi, proprietà sfruttata in cucina per la preparazione di pappe da svezzamento e minestre leggere.

I chicchi estrusi sono utilizzati soprattutto nell'industria dolciaria e la farina è un addensante naturale per salse e condimenti, inoltre possono essere usati – dopo bollitura, come il couscous – per insalate fredde, sformati e polpette.

L'amaranto è altamente calorico e quindi ha una funzione

energizzante, ma rappresenta anche un valido aiuto per i disturbi al colon e intestino pigro; grazie all'elevata quantità di ferro, previene l'anemia, mentre è indicato come sostituto del grano per chi soffre di celiachia. Fornendo un valido apporto proteico, è fondamentale per la dieta vegana.

L'amaranto è così ricco di proprietà benefiche da essere utilizzato nelle preparazioni per gli astronauti.

ANACARDI

Gli anacardi (*Anacardium occidentale*) appartengono alla famiglia delle Anacardiacee, la stessa del mango e del pistacchio, e sono originari del bacino dell'Amazzonia.

Questi semi devono alla loro forma curiosa il nome, che in greco antico significa "cuore rovesciato", e crescono all'estremità inferiore del proprio falso frutto carnoso, chiamato "mela di acajú".

Nelle lingue tribali tupi, acajú significa "frutto a guscio che si produce da solo".

I colonizzatori portoghesi che si imbatterono in questa pianta la introdussero successivamente nelle coste occidentali dell'India, dove ancora vi è una fiorente produzione, e nelle regioni orientali dell'Africa.

Il seme dell'anacardo è avvolto da un guscio contenente una sostanza caustica usata nell'industria delle vernici e degli antiparassitari, che deve essere rimossa per renderlo commestibile.

Questa delicata frutta secca è un superfood dalle molteplici virtù, con un valore nutrizionale eccellente e, grazie al sapore che la contraddistingue, è molto apprezzata in cucina.

Contiene un'abbondante quantità di rame che svolge una benefica azione disintossicante e favorisce l'assimilazione del ferro da parte dell'intestino, inoltre agisce come catalizzatore nella formazione dell'emoglobina, insieme alla vitamina C. L'anacardo vanta anche alti valori di calcio, manganese, fosforo, magnesio, ferro, potassio e zinco e apporta una discreta quantità di vitamina B6, e rappresenta un'ottima fonte di vitamina K, la quale contribuisce alla regolare coagulazione del sangue e al mantenimento dell'apparato scheletrico.

Gli anacardi contengono un flavonoide, la zeaxantina, che viene assorbito dalla macula retinica, proteggendo gli occhi e contrastando la degenerazione maculare durante la vecchiaia.

Assumere regolarmente questi semi, per gli oligoelementi presenti, aiuta a prevenire e a regolare il colesterolo e a proteggere il corpo da molti problemi articolari, tra cui l'artrite reumatoide.

Per la presenza di proantocianidine, una classe di flavonoidi che contrastano la proliferazione dei radicali liberi e delle cellule tumorali, gli anacardi sono indicati soprattutto per prevenire il cancro al colon. Questi semi inoltre contengono il triptofano, un aminoacido precursore della serotonina e della melatonina, che regola e migliora sonno e buonumore, quindi sono efficaci per contrastare forme depressive. Sono anche di supporto per il sistema immunitario e intervengono favorevolmente nella produzione ormonale e nel corretto funzionamento dei neurotrasmettitori.

Grazie alla presenza di acido oleico, consumare anacardi riduce il rischio di malattie coronariche e cardiovascolari e aiuta a combattere l'insorgenza di arteriosclerosi, rendendo più elastici i tessuti arteriosi.

Di inconfondibile e gradevole sapore, gli anacardi sono molto eclettici in cucina e arricchiscono piatti sia dolci sia salati.

Si possono produrre in casa latti e formaggi vegani con questo superfood.

AVOCADO

L'avocado (*Persea americana*) è una drupa che appartiene alla famiglia delle Lauracee ed è originario del Sud e Centro America, ma viene coltivato con successo anche in zone temperate.

Il suo nome deriva dal termine *āhuacatl* che in lingua nahuatl significa "testicolo", perché ne evoca la forma. Probabilmente, proprio per questa ragione, era considerato un potente afrodisiaco per gli uomini e un frutto propiziatorio per la fertilità, tanto che, durante la raccolta, le popolazioni precolombiane tenevano rinchiuse le figlie vergini per proteggerle dall'esuberanza degli agricoltori.

Recentemente la produzione di avocado, essendo considerato uno dei superfood del momento, è aumentata vertiginosamente e si può trovare ovunque e in tutte le stagioni, in diverse varietà.

L'avocado è un alimento molto ricercato perché è un concentrato di elementi nutraceutici importanti per la salute: contiene, infatti, numerosi macro e micronutrienti preziosi per il corpo.

È un frutto non dolce dal gusto inconfondibile e delicato, energetico, altamente calorico, e apporta molte fibre fondamentali per la digestione e la purificazione dalle scorie.

L'avocado è anche ricco di betacarotene, niacina, acido pantotenico e glutatione; quest'ultimo è utile per prevenire alcuni tipi di cancro, come quello alla prostata.

Questo frutto dalla polpa burrosa e dalla buccia coriacea, che vira dal verde acceso al bruno a seconda della varietà, contiene una significativa quantità di potassio – il doppio delle banane – e magnesio, che bilanciano la pressione e proteggono da attacchi cardiaci e ictus.

Ha una notevole concentrazione di folati e vitamine pregiate come la E, la C, la K e la B6, che mantengono equilibrato il livello ematico di glucosio. Ma, soprattutto, l'avocado è una fonte abbondante di acido oleico, un acido grasso insaturo apportato anche dall'olio d'oliva, che contribuisce ad abbassare il colesterolo e a ridurre il rischio di patologie dell'apparato cardiocircolatorio.

L'alto contenuto di zeaxantina, un carotenoide antiossidante della classe delle xantofille, e del suo isomero, la luteina, protegge la retina da malattie degenerative causate dalla senilità.

L'avocado è anche un effettivo coadiuvante della bellezza, contiene principi attivi che contrastano l'invecchiamento, incrementano la formazione di collagene e rafforzano le membrane cellulari, mantenendo la pelle giovane, elastica e idratata. L'uso topico d'olio di avocado è indicato in cosmesi per rigenerare l'epidermide e nutre in modo straordinario anche le unghie e i capelli.

Per la presenza di perseina, un acido grasso innocuo per gli umani, l'avocado non deve mai essere somministrato agli animali, perché per loro è tossico e pericolosissimo, soprattutto per le specie avicole.

Per scegliere un avocado maturo al punto giusto bisogna affidarsi al tatto.

Per salse come il guacamole o per essere spalmato sul pane, va utilizzato il frutto più morbido al tocco; per altre preparazioni, come insalate fredde, va bene anche quello un pochino più sodo. L'importante è, appena tagliato, spruzzarlo con succo di lime o limone per arrestarne l'immediata ossidazione. Se si vuole far maturare in fretta un frutto ancora acerbo, basta metterlo accanto ad altra frutta che sprigioni etilene, come le mele.

BRASSICACEE

Broccoli, cime di rapa, cavolfiore, cavoletti di Bruxelles, cavolo cappuccio, verza, broccolo romano, cavolo nero, kale

Alla famiglia delle Brassicacee, conosciute anche come Crucifere, appartengono moltissimi superfood nostrani stagionali, economici e reperibili ovunque. Sono alimenti funzionali ricchi di proprietà nutritive che dovrebbero essere sempre integrati nella nostra dieta. Inoltre, andrebbe ecologicamente incentivata la consumazione di questi straordinari cibi, perché, a differenza di altri, più esotici e di tendenza, possono essere acquistati con facilità a chilometro zero.

I **broccoli** (*Brassica oleracea var. italica*) sono ricchi di vitamine e sali minerali, in particolare hanno un'alta concentrazione di vitamina C, che, grazie al suo elevato potere antiossidante, disintossica l'organismo e neutralizza i radicali liberi, oltre ad aiutare a rafforzare le difese immunitarie. Contengono anche sulforafano, un composto appartenente al gruppo degli isotiocianati, che è in grado di controllare il metabolismo del glucosio e inibire la crescita delle cellule cancerogene causandone la morte apoptotica. Per questa straordinaria proprietà, i broccoli sono indicati per prevenire il cancro ai polmoni, all'intestino e al seno.

I broccoli, per la loro elevata concentrazione di vitamine del gruppo B, favoriscono il metabolismo energetico apportando pochissime calorie - a differenza di altri superfood - quindi, grazie anche al loro contenuto di fibra, sono indicatissimi per contrastare la ritenzione idrica e per dare un senso di sazietà durante le diete ipocaloriche.

Inoltre, i folati contenuti nei broccoli hanno la funzione di proteggere il sistema nervoso, potenziando la memoria e la concentrazione.

Apportano notevoli quantità di minerali come calcio per la salute delle ossa, ferro contro l'anemia, fosforo e potassio fondamentali per il metabolismo. Contengono goitrina, un tiocarbammato ciclico in grado di riequilibrare la tiroide, riducendo la produzione di ormoni tiroidei come la tiroxina. I broccoli hanno anche un potere cicatrizzante e vermifugo.

Si consiglia una rapida cottura a vapore per esaltarne il sapore e preservarne inalterate tutte le proprietà salutari e nutritive e rendere inoltre biodisponibile il sulforafano.

Per mitigare l'odore aggressivo derivato dai composti sulfurei, basta spremere un limone nell'acqua da cui si genera il vapore.

Le **cime di rapa** (*Brassica rapa sylvestris*) hanno ottime proprietà curative e nutrizionali, molto simili ai broccoli. Appetitose e amarognole, apportano vitamine del gruppo B, che proteggono da malattie cardiovascolari; la vitamina A, che aiuta a mantenere la pelle giovane e idratata e preserva la vista; la vitamina C, un antiossidante che permette la produzione di collagene, attiva il sistema immunitario, rallenta l'invecchiamento cellulare, contrastando i radicali liberi, e ha un'azione antitumorale, oltre a combattere i malanni stagionali; la vitamina K, che purifica il sangue, favorisce la produzione di piastrine e, in sinergia con il calcio, previene problemi alle ossa come l'osteoporosi.

Le cime di rapa hanno un indice glicemico irrisorio e contengono preziosi oligoelementi come il calcio, il ferro, il fosforo, il potassio e lo zolfo. Proprio per la presenza di sostanze solforate, che ne determina anche l'odore pungente, è utile in casi di cancro alla prostata, al pancreas, al colon e ai polmoni. Essendo ricche di sali minerali sono un ottimo rimineralizzante in grado di riequilibrare l'apporto elettrolitico nel sangue dopo l'attività sportiva o durante periodi di convalescenza.

Le cime di rapa sono indicate anche per le anemie e, per

migliorare l'assorbimento del ferro, si consiglia di consumarle con una spruzzata di limone.

Le fibre contenute abbassano la glicemia, assorbono la bile in eccesso e favoriscono naturalmente il transito intestinale, mentre la clorofilla ha un effetto purificante detossinante.

Queste saporite e benefiche verdure vanno consumate colte molto fresche e appena ripassate in padella, per mantenere intatti i fitonutrienti. Sono protagoniste di tipiche ricette regionali del sud Italia.

Il **cavolfiore**, i **cavoletti di Bruxelles**, il **cavolo cappuccio**, la **verza** e il **broccolo romano** vantano proprietà salutari molto simili alle Brassicacee appena descritte, con evidenti differenze cromatiche date dai fitopigmenti, e per il loro eccellente aspetto nutrizionale vengono, a ragione, annoverati fra i superfood da integrare nella dieta.

Il **cavolo nero** (*Brassica oleracea L. varietà acephala*), spesso snobbato nelle comuni e superficiali liste alimentari che prediligono cibi esotici più misteriosi, è in realtà il superfood nostrano più benefico e completo, è facilmente reperibile durante la stagione invernale ed è anche economico.

Le sue proprietà sono molteplici, essendo ricchissimo di sostanze antiossidanti, è utile nel contrastare l'attività dei radicali liberi, l'invecchiamento cellulare e i processi infiammatori; è inoltre in grado di migliorare il metabolismo, proteggere l'organismo e combattere le cellule tumorali. È efficace per coadiuvare la cura di ulcera gastrica, bruciori di stomaco, difficoltà di digestione e infiammazioni intestinali e, grazie all'apporto di vitamina C, è un nemico anche delle comuni forme influenzali. Per l'elevato contenuto di fibra e clorofilla, il cavolo nero è un eccellente alimento che aiuta a disintossicare e purificare il corpo.

Questo superfood promuove la circolazione sanguigna e l'energia e serve a equilibrare il pH dell'organismo, che spesso ha bisogno di correzioni a causa delle diete sbilanciate che favoriscono la formazione di acidi. Inoltre, l'applicazione di foglie di cavolo fresche appena pestate è documentata fin dall'antichità per curare distorsioni, tumefazioni e infiammazioni osteoarticolari.

La presenza di vitamina K fortifica le ossa facilitando l'assimilazione del calcio e migliora la qualità del sangue. La vitamina A contenuta protegge gli occhi e i tessuti vascolari ed epidermici, e il tocoferolo o vitamina E insieme all'acido folico interviene in modo benefico sul sistema riproduttivo.

Questo ortaggio rustico, apprezzato da sempre nella cucina povera tradizionale, è anche rimineralizzante e contiene significative quantità di ferro, calcio, zolfo, potassio, fosforo, sodio, selenio, manganese, fluoro, rame e zinco. Il cavolo nero include, inoltre, in varie quantità, tutti gli aminoacidi essenziali al nostro organismo per costruire le proteine. Il suo fitocomplesso mostra una significativa presenza di acidi grassi essenziali: in 100 g di foglie di cavolo nero sono presenti 121 mg di acidi grassi Omega 3 e 92,4 mg di acidi grassi Omega 6, antiossidanti che proteggono il sistema nervoso, giovano al metabolismo e favoriscono concentrazione e memoria.

Il cavolo nero apporta anche 45 diversi flavonoidi, fra i quali antiossidanti utili per contrastare il proliferare delle cellule tumorali e per rendere il colorito luminoso e sano; in aggiunta, ha un basso contenuto di calorie ed è quindi consigliato per i regimi dietetici ipocalorici.

Le sue foglie, scure e saporite, sono fondamentali nella cucina tradizionale toscana in quanto il cavolo nero è l'ingrediente insostituibile della ribollita.

Si può usare in zuppe, aggiunto a fine cottura, pesti a crudo, crostini, insalate, centrifugati e condimenti per la pasta, ed è ottimo al forno e da sgranocchiare.

È consigliato acquistare il cavolo nero dopo le prime gelate perché la fibra è più morbida e digeribile. Questo alimento antico e rustico, è fra i superfood più ricchi di sostanze benefiche che la Natura ci ha donato e per mantenere intatte le sue proprietà, va consumato colto da poco, crudo o appena scottato.

Il **kale** sembra essere il superortaggio del momento, ma dietro questo termine esterofilo si nasconde il comune cavolo riccio (*Brassica oleracea var. sabellica*) ed è una vera e propria miniera di sostanze benefiche e rimineralizzanti. È un'eccellente fonte di potassio, fondamentale per contrastare l'ipertensione arteriosa, e contiene discreti livelli di calcio e ferro. Una porzione di cavolo riccio ha più calcio di un bicchiere di latte, per questo è indicato nella dieta vegana.

Le Brassicacee e le verdure a foglia verde scura sono ricche di clorofilla e vitamina K, che aiuta a convertire una proteina ossea nota come osteocalcina, il cui ruolo è di ancorare le molecole di calcio e fissarle all'interno delle ossa. Il kale è anche ricco di polifenoli e fitostenoli che hanno spiccate caratteristiche antiossidanti e fondamentali per il corretto funzionamento metabolico.

Il cavolo riccio è, come tutte le altre Brassicacee, ricco di vitamine fra le quali, oltre la K, la A, la E e la C. Il kale apporta anche glucosinati, composti glucosidici che rilasciano glucosio e isotiocianati nell'intestino, stimolando enzimi dall'effetto anticancerogeno. Essendo fonte di fibra e clorofilla, elimina scorie e tossine dal corpo.

Le proprietà del cavolo riccio sono alla massima potenza se si consumano i teneri germogli crudi in insalata o appena scottati.

CACAO CRUDO

Il cacao (*Theobroma cacao*) proviene dalla cabossa di un albero della famiglia delle Sterculiacee, originaria dell'America meridionale. La scoperta delle fave di cacao è attribuibile alle scimmie della foresta tropicale, le quali, ghiotte della sostanza zuccherina che riveste i semi, spaccavano le cabosse tralasciando i chicchi al loro interno perché li trovavano amari a causa degli alcaloidi contenuti. Questi semi venivano poi usati come stimolante e ricostituente dagli Indios che li mangiavano crudi, essiccandoli e fermentandoli, per godere così delle proprietà vive non intaccate dalla consueta tostatura. Le fave di cacao, chiamate *cacahuat* dagli Aztechi, dagli Indios e dai Maya, venivano utilizzate da queste popolazioni come moneta di scambio, sia per il valore alimentare sia per il significato religioso; infatti, il binomio linneiano della pianta del cacao contiene il termine *theobroma* che significa "cibo degli dèi".

Secondo scienziati e nutrizionisti esperti di crudismo e raw food, il cacao crudo ha il 367% di antiossidanti in più rispetto al migliore cacao industriale tostato e contiene moltissime sostanze benefiche per l'organismo ed è un antiossidante eccezionale grazie ai polifenoli che hanno anche proprietà antinfiammatorie. I flavonoidi, presenti nei semi di cacao crudo nell'incredibile quantità del 48% sul peso secco, contro il 10% contenuto nella polvere di cacao industriale, e i polifenoli fungono da protezione contro i radicali liberi, responsabili del deterioramento delle cellule, ma anche di alcune patologie artritiche e tumorali, e impediscono il deposito delle placche di colesterolo.

Le fave di cacao hanno un significativo contenuto di arginina, un aminoacido essenziale antinfiammatorio e regolatore della pressione arteriosa. Sono energizzanti e inoltre ricche di teobromina, un alcaloide stimolante del sistema nervoso, nocivo però per cani e gatti. Nelle fave di cacao c'è un'alta percentuale di triptofano, un aminoacido non sintetizzabile dal corpo umano, precursore della serotonina e della melatonina. Questa sostanza rende il cacao un antidepressivo naturale, consentendo al nostro organismo di produrre endorfine. Il triptofano è disponibile nel cacao crudo perché viene disperso con il calore.

Le fave di cacao, infatti, rispetto al cacao torrefatto, usato per fare la cioccolata, mantengono integre tutte le proprietà delle sostanze termolabili.

Il cacao crudo è una preziosa fonte di vitamine, come la E e quelle del gruppo B, e di sali minerali; grazie all'elevato contenuto di magnesio, i semi prevengono i problemi cardiaci, regolano la pressione e i livelli di zuccheri nel sangue, rafforzano il sistema immunitario, rilassano i muscoli, proteggono il sistema osteoarticolare e riducono lo stress ossidativo. Il cacao ha anche un elevato contenuto di zolfo, che aiuta a rafforzare unghie e capelli, zinco e rame.

Le fave di cacao sono deliziose da sgranocchiare, vengono utilizzate in molti dolci crudisti e per arricchire muesli, torte e frullati. Un altro modo per valorizzare le fave di cacao e approfittare dei loro benefici salutistici è ricavarne un infuso rinvigorente.

CHIA

La chia (*Salvia hispanica*) è una pianta erbacea desertica le cui proprietà benefiche erano già note alle civiltà precolombiane dell'America Centrale e Meridionale. Il suo nome significa "forza" nella lingua maya e i guerrieri Toltechi usavano i semi di chia perché davano loro energia e resistenza elevate, specialmente durante le battaglie.

La chia è stata anche soprannominata "cibo per i corridori", perché i semi venivano sfruttati come carburante per percorrere lunghe distanze. Sembra che un solo cucchiaio di chia riuscisse a sostenerli per ventiquattr'ore.

Di questa pianta, appartenente alla famiglia delle Laminacee, si consumano i piccoli semi che contengono molte sostanze fitochimiche diverse, ciascuna con benefici unici, tra cui bioflavonoidi come miricetina, quercetina e kaempferol, che hanno proprietà antiossidanti, antinfiammatorie e antitumorali. I semi sono ricchi di acidi grassi Omega 3 – addirittura il 18% per 100 g –, Omega 6 e 9, e di calcio, apportandone all'organismo 177 mg per ogni 100 g di prodotto.

L'aspetto vitaminico invece è abbastanza carente: sono presenti in quantità minori la vitamina C, A, E e B6, in compenso è un alimento ricco di minerali come il potassio, lo zinco, il magnesio, il selenio e il ferro.

La chia può essere aggiunta a varie preparazioni dolci e salate e nelle bevande, in quanto è praticamente insapore.

Per godere appieno delle proprietà benefiche, va consumata ridotta in farina, gonfiata nell'acqua o masticata molto bene fino a rompere il tegumento esterno protettivo.

Se non si seguono tali accorgimenti, gli enzimi dello stomaco non intaccano l'epicarpo e il seme non viene digerito ma espulso con tutti i suoi preziosi nutrienti.

La chia regala all'organismo un generoso apporto di fibra, utile per facilitare la digestione e il transito intestinale. Assorbendo liquidi, i semi di chia formano un gel di mucillagine, una sostanza che, nelle piante, le aiuta a trattenere l'acqua. I semi di chia, quando vengono lasciati a bagno per un quarto d'ora, sono in grado di aumentare di 8 volte il loro peso, si ingrossano e generano uno strato protettivo di gel attorno a se stessi che raccoglie scorie e tossine dall'intestino, quindi hanno un significativo potere depurante e saziante indicato nelle diete ipocaloriche. Inoltre, questo gel forma uno strato vischioso sulla parete intestinale impedendo ai patogeni di crescere e danneggiarlo, e può essere usato in cucina come addensante in ricette vegane al posto delle uova.

COCCO

Il frutto della palma del cocco (*Cocos nucifera*) è un superfood così ricco di sostanze nutritive da essere responsabile del sostentamento di numerose popolazioni, per il suo frutto, le foglie e il mesocarpo, dalle cui fibre si ricava il coir, una fibra utilizzata per lavori di intreccio, tappeti e cordami.

La parola "cocco" deriva dal portoghese *coco*, che significa "testa".

I marinai di Vasco da Gama, durante il viaggio nelle Indie, hanno dato il nome alla pianta in base alla forma del frutto, perché sembrava la testa di un essere mostruoso del folklore ispanico molto simile all' uomo nero, chiamato "El Coco".

La noce di cocco è composta al 50% d'acqua e per il resto da carboidrati, lipidi, zuccheri e fibre. Il cocco, grazie alla presenza di nutrienti vitali concentrati, è un ottimo alimento rimineralizzante che contiene rispettabili quantità di fosforo, ferro, rame, iodio, magnesio, potassio, zinco e sodio. Sono presenti anche aminoacidi come l'isoleucina, la treonina, la serina, la cisteina, l'arginina e l'acido glutammico. Le vitamine incluse sono quelle del gruppo B, la C, la E e la K che sono fondamentali per il metabolismo e si rivelano benefiche negli stati di debolezza.

Il cocco è il superfood più versatile, la sua grossa noce è composta da elementi preziosissimi, è utile per regolare gli zuccheri nel sangue, abbassare il colesterolo e aiutare l'organismo a mantenere la corretta idratazione. L'acqua della noce di cocco è completamente sterile, priva di colesterolo e con una minima quantità di grassi, è molto dissetante e contiene elettroliti essenziali come calcio, sodio, potassio e magnesio che la rendono un ottimo integratore naturale in situazioni di stress fisico causato da caldo e da sport. Stimola direttamente la produzione degli ormoni della tiroide e quindi è utile per riattivare il metabolismo rallentato. L'acido laurico contenuto nell'acqua di cocco rafforza le difese immunitarie, è una sostanza riscontrabile anche nel latte materno che favorisce lo sviluppo del cervello e protegge il sistema nervoso.

Consumare l'olio di cocco, invece, non è consigliabile, se non per uso topico, perché è uno dei pochi oli vegetali saturi. Ma è prezioso per il nutrimento e la lucentezza che regala ai capelli ed è un antirughe naturale per pelli mature. Inoltre, la medicina ayurvedica consiglia di fare sciacqui con olio di cocco per l'igiene del cavo orale e la brillantezza dei denti.

D'altra parte, lo zucchero di cocco è un alimento sano, viene lavorato a una temperatura inferiore ai 40 °C e questo consente di mantenere intatte vitamine e minerali, rivelandosi un ottimo dolcificante naturale.

Il latte di cocco è ricco di fibre e il suo sapore caratteristico lo rende ideale per tipiche ricette etniche. La polpa fresca è ricca di zuccheri, vitamine, grassi e sali minerali e può essere consumata anche ridotta in farina.

CURCUMA

La curcuma (*Curcuma longa*) è una pianta erbacea appartenente alla famiglia delle Zingiberacee, come lo zenzero, il cardamomo e la galanga. Il nome "curcuma" arriva probabilmente da uno dei nomi sanscriti della spezia, fra i quali *kumkuman*, कुङ्कुमम्, derivazione dall'arabo كركم, *kurkum*.

Dal suo rizoma aromatico di un vivace giallo-arancio si ricava una spezia le cui proprietà sono note fin dall'antichità.

La curcuma è usata da sempre nella cultura indiana come prezioso ingrediente della cucina asiatica, nella medicina ayurvedica, ma anche come pigmento religioso e per colorare i tessuti.

Studi recenti hanno confermato che la curcuma possiede incredibili proprietà terapeutiche antiossidanti, blocca naturalmente la crescita delle cellule tumorali, è un disintossicante, svolge una vigorosa azione antinfiammatoria, soprattutto in caso di ulcera, artrite reumatoide e osteoartrite, ed è d'aiuto anche per gli stati influenzali e per contrastare il morbo di Crohn. Rafforza sensibilmente il sistema immunitario, protegge l'apparato cardiovascolare, controlla il metabolismo e combatte il diabete. Essendo un potente antiossidante, è utile per contrastare l'invecchiamento e i radicali liberi. È anche un valido epatoprotettore. Assumere regolarmente curcuma può essere un coadiuvante nel trattamento della sclerosi multipla, della fibrosi cistica e dei sintomi di demenza provocata dall'Alzheimer.

Un aspetto da tenere a mente è che la curcumina contenuta nel rizoma è un composto reattivo, ma difficilmente biodisponibile e instabile, quindi ha bisogno dell'associazione con determinate sostanze che la attivino.

Per potenziarne l'effetto, è necessario seguire alcuni semplici accorgimenti: la curcuma non deve mai essere riscaldata troppo, altrimenti perde le sue qualità nutraceutiche, e deve essere sempre accompagnata da un elemento piccante come il *Piper nigrum*, il comunissimo pepe nero, perché questa particolare sinergia facilita l'assimilazione della curcumina che altrimenti verrebbe eliminata dall'organismo. Anche la bromelina, contenuta negli ananas, ne favorisce l'assorbimento e ne potenzia gli effetti antinfiammatori.

La curcumina è scarsamente idrosolubile, ma è liposolubile, perciò è necessario aggiungere sempre una materia grassa per favorirne l'assimilazione.

Questa spezia è fonte di vitamina B6, necessaria per il metabolismo e per i neurotrasmettitori, contiene vitamina C, E e K ed è ricca di minerali, in particolare ferro, manganese, rame, magnesio e potassio, e presenta anche quantità apprezzabili di zinco, fosforo e calcio.

La curcuma, di solito, si trova in commercio essiccata e polverizzata; se si ha la possibilità di procurarsi il rizoma fresco o addirittura di coltivarlo, è bene ricordare che bisogna maneggiarlo con i guanti, perché macchia.

ERBA DI GRANO

L'erba di grano si può consumare sia fresca sia liofilizzata a bassa temperatura per rispettarne i principi nutritivi. Si ricava dalle foglie germogliate da una decina di giorni del *Triticum aestivum*.

L'erba di grano ha un elevatissimo contenuto in clorofilla, che si aggira addirittura intorno al 70%. Questo composto fitochimico è noto per il suo potere ossigenante e disintossicante che permette di liberare il corpo dalle tossine, inoltre aiuta a depurare il fegato e regola la digestione. La clorofilla ha proprietà alcalinizzanti, antibatteriche, antimicrobiche – soprattutto per le infezioni del cavo orale – e immunostimolanti.

L'erba di grano è uno dei vegetali più completi nella sua offerta nutrizionale, superiore anche alle verdure a foglia verde e, grazie all'elevato contenuto di sostanze indispensabili per la salute, è considerata un potente superfood. Contiene vitamine A, betacarotene, B1, B2, B6, PP, C, E, ed è ricca di minerali indispensabili per il corretto funzionamento del corpo umano, come calcio, ferro, fosforo, magnesio, potassio, selenio e zinco.

Inoltre, l'erba di grano apporta apprezzabili quantitativi di acido folico e pantotenico, bioflavonoidi, antiossidanti, aminoacidi essenziali ed enzimi attivi.

L'erba di grano ha innumerevoli proprietà, grazie agli antiossidanti che contrastano i radicali liberi e contribuisce al rinnovamento cellulare, creando un vero e proprio effetto *antiaging* sui tessuti.

È stato provato che l'acido pantotenico contenuto nell'erba di grano è un prezioso alleato per la bellezza dei capelli e, impacchi di erba di grano, aiutano a riequilibrare il pH fisiologico del cuoio capelluto, eliminando la forfora. Inoltre studi scientificamente provati, hanno dimostrato che consumare erba di grano, può aiutare in caso di malattie cutanee come l'eczema e la psoriasi. Grazie al suo contenuto di vitamina K e magnesio, l'erba di grano è in grado di influire positivamente sul sistema surrenale aiutando il corpo ad affrontare più facilmente lo stress psicofisico. Assumere il succo o la polvere, aiuta ad aumentare le difese immunitarie, ha un'apprezzabile funzione energizzante, colma le carenze nutrizionali, favorisce l'ossigenazione del corpo, regola il ciclo mestruale e bilancia il pH ematico.

Per godere maggiormente dei benefici, è consigliato assumere l'erba di grano fresca ridotta in succo, entro pochi minuti, scongiurandone così l'ossidazione.

GOJI

Le rosse bacche di goji provengono da un arbusto (*Lycium barbarum L.* e *Lycium chinense*) della famiglia delle Solanacee. Sembra che il termine "goji" sia un'approssimazione della pronuncia cinese *gǒuqǐ*, che significa "bacca". Questi frutti, ai quali sono attribuite innumerevoli proprietà, sono ricchi di vitamine, hanno un buon pool di aminoacidi essenziali e contengono molti sali minerali. Gli arbusti del goji crescono spontanei nelle incontaminate valli himalayane e nella fertile provincia cinese dello Ningxia e da millenni sono usati nella medicina tibetana e cinese, dove vengono denominati "frutti della longevità". Il poeta cinese della dinastia T'ang Liu Yuxi ha descritto nella poesia *Il pozzo della giovinezza* le piante di goji cresciute accanto alla casa di un monaco le cui bacche cadevano all'interno del pozzo vicino. Chi beveva l'acqua rimaneva giovane e pieno di vitalità a lungo, infatti la poesia dice: "Il Goji nutre il corpo e lo spirito, bevi dal pozzo e godi di una lunga vita".

Le leggende orientali sui poteri di questa pianta sono innumerevoli. Le bacche di goji hanno proprietà antiossidanti e proteggono il sistema immunitario e nervoso. Contengono apprezzabili dosi di vitamina C (48,4 mg per 100 g) e salvaguardano il sistema epiteliale, poiché ricche di vitamina A, che favorisce la rigenerazione dei tessuti.

Nel loro complesso nutrizionale sono presenti acidi grassi insaturi del gruppo Omega che conferiscono anche un'azione antinfiammatoria. I carotenoidi contenuti (betacarotene, zeaxantina, luteina e licopene) sono pigmenti provitaminici con un effetto antiossidante e aiutano la vista. Inoltre sono presenti vitamina E e vitamine del gruppo B, che favoriscono il metabolismo energetico e le funzioni cognitive, mentre l'apprezzabile concentrazione di vitamina B2 è essenziale in alcuni processi di ossidoriduzione e nella respirazione cellulare.

La compresenza delle vitamine A, C ed E esercita un'efficace azione sinergica che protegge dallo stress ossidativo.

Queste bacche portentose hanno polisaccaridi immunostimolanti e ben 21 minerali, tra cui lo zinco che aiuta la produzione di testosterone, e, quindi, sono indicate per la spermatogenesi e la libido; inoltre, sono ricche di ferro, rame, potassio, calcio e selenio. Fra i numerosi oligoelementi è presente anche il germanio, un valido aiuto nella lotta contro il cancro, come provato da alcuni studi scientifici.

Le proprietà delle bacche sono molteplici, contrastano l'invecchiamento cellulare, sono un energizzante naturale, possono essere utili nel controllo del peso, perché hanno un basso indice glicemico e un effetto saziante, rinforzano il sistema immunitario, bilanciano il pH del sangue e, per la presenza di fibre, regolano l'intestino. La dose giornaliera consigliata per le bacche di goji è di 25 g e rappresentano un ingrediente prezioso per ricette dolci e salate.

È bene sempre accertarsi della provenienza prima dell'acquisto e preferire quelle di origine biologica non contaminate da conservanti, coloranti, fungicidi e insetticidi.

LEGUMI

Ceci, cicerchie, fagioli, soia, fave, piselli, roveja, lenticchie

I legumi vantano un eccellente valore nutrizionale, e sono i sostituti ideali di prodotti proteici di origine animale. Contengono sostanze fondamentali per il nostro organismo come l'amido, la vitamina E e le vitamine del gruppo B, sono inoltre ricchi di minerali come potassio, fosforo, calcio, ferro e zolfo, e integrarli nella dieta è un'abitudine salutare ed economica.

Il binomio gustoso legumi e cereali rappresenta un caposaldo dell'alimentazione umana da millenni e si rivela vincente in quanto i due patrimoni proteici, entrambi incompleti, si integrano e si riequilibrano vicendevolmente, fino a mettere a disposizione un pool completo di aminoacidi. Infatti i legumi sono ricchi di lisina, sostanza non presente nei cereali, che invece apportano aminoacidi essenziali mancanti nei legumi, come metionina, cisteina e triptofano.

I legumi sono privi di colesterolo e hanno una forte presenza di acidi grassi essenziali e un elevato contenuto di fibra che favorisce il transito intestinale. Per eliminare gli inconvenienti di flatulenza e meteorismo, basta eliminare la buccia con il passaverdure o acquistarli decorticati.

Piselli, fagioli di tutti i tipi – compresi i più esotici azuki e soia, che sono diventati di uso quotidiano anche in Italia –, lenticchie, ceci, roveja, cicerchie e fave sono veri superfood e includerli nella dieta è un obbligo.

I **ceci** (*Cicer arietinum*) sono molto ricchi di fibre e aiutano a regolarizzare l'intestino.

In virtù del loro contenuto di acidi grassi Omega 3, sono validi alleati del sistema cardiovascolare fungendo da controllori della pressione arteriosa e combattendo il colesterolo.

Sono calorici e quindi energizzanti, contengono vitamina C, vitamine del gruppo B e vitamina E, proteine vegetali, magnesio, ferro e fosforo in consistenti quantità.

Le **cicerchie** (*Lathyrus sativus*) sono un legume antico recentemente riscoperto nella cucina italiana per valorizzarne la biodiversità vegetale e ambientale e per tutelarle come alimento tipico della dieta contadina del passato.

Sono ricchissime di calcio, fosforo e proteine. Il loro consumo giova a cuore, denti, ossa e muscoli.

Contengono vitamine del gruppo B, vitamina PP, amidi e una buona quota di fibre.

Le cicerchie sono povere di grassi, ma molto energetiche. A differenza di altri alimenti della stessa famiglia, necessitano di pochissima acqua per la cottura.

Stimolano la memoria, combattono l'affaticamento cerebrale e migliorano il tono muscolare.

I **fagioli**, nelle loro tante declinazioni, hanno simili proprietà nutrizionali, sono molto energetici e ricchi di vitamine A, B, C, ed E; inoltre, contengono sali minerali e oligominerali, come potassio, ferro, calcio, zinco e fosforo. Come gli altri legumi, i fagioli sono ricchi di lecitina, un fosfolipide che favorisce l'emulsione dei grassi, evitandone l'accumulo nel sangue e contrastando efficacemente il colesterolo. Questo fosfolipide è particolarmente presente nella **soia** (*Glycine max*), un legume molto versatile, diffuso mondialmente e consumato anche allo stato di germoglio.

Può essere cucinato come il fagiolo, ma le sue molteplici proprietà si riscontrano anche nei derivati come la salsa di soia, il latte, il tofu e il miso, che si ottiene anche da altri legumi fermentati come i ceci.

La soia ha proprietà simili ai fagioli e apporta un bagaglio nutrizionale ricco di vitamine, proteine e minerali.

I **fagiolini** sono una versione acerba del *Phaseolus vulgaris* e sono costituiti al 90% d'acqua, pertanto il loro contenuto proteico è nettamente inferiore a quello dei fagioli, tuttavia contengono una maggior quantità di sali minerali e di vitamina A.

Le **fave** (*Vicia faba*) sono conosciute fin dall'antichità, sono poco caloriche e contengono vitamine, soprattutto A, C ed E, e molte del gruppo B, e minerali. Sono fonte di acido folico che supporta le funzioni del sistema nervoso.

Hanno una buona presenza di ferro, accompagnato da potassio, fosforo, calcio, sodio, magnesio, rame, selenio. Abbassano il colesterolo e prevengono il diabete.

I **piselli** (*Pisum sativum*) contengono molta acqua rispetto ad altri legumi ma hanno una buona quantità di acido folico e vitamina C, sono apprezzati per essere una fonte di minerali, soprattutto per l'apporto di potassio, magnesio, ferro e calcio.

Proprietà simili si riscontrano nell'antenata **roveja** (*Pisum sativum arvense*).

Le **lenticchie** (*Ervum lens*) sono un legume conosciuto fin dall'antichità, tanto che è citato anche nella Bibbia. La loro particolare abbondanza di ferro, fosforo e vitamine del gruppo B le rende un legume molto ambito per le diete che escludono le proteine animali. Inoltre, le lenticchie forniscono un buon apporto di proteine vegetali e, grazie all'elevata quantità di fibre e alla scarsa presenza di grassi di tipo insaturo, sono utili nella lotta e nella prevenzione dell'aterosclerosi.

Sono consigliabili in caso di stitichezza.

Per la presenza di flavonoidi e niacina, hanno buone proprietà antiossidanti e la tiamina contenuta favorisce la concentrazione e la memoria.

MANDORLE

La mandorla è il seme del mandorlo (*Prunus dulcis*), un albero da frutto appartenente alla famiglia delle Rosacee, noto per essere la pianta la cui fioritura prelude al risveglio della natura dal torpore invernale e, per questo, simbolo di rinascita. Originario dell'Asia, il mandorlo venne introdotto in

Sicilia dai Fenici dalla Grecia (i romani lo chiamavano "noce greca").

Il valore simbolico del seme di mandorla è citato dai Veda alla Bibbia e le sue proprietà sono apprezzate da millenni. Inoltre, le mandorle sono contenute nei confetti per gli sposi come augurio di prosperità e i miti e le leggende di cui questo seme è protagonista sono infiniti, anche da un punto di vista geografico e religioso.

Il mandorlo viene coltivato in tutta la fascia mediterranea e, oltre alla scenografica fioritura, regala un seme che è uno scrigno di sostanze nutritive eccezionali.

Il mandorlo selvatico contiene una sostanza tossica, il glucoside amigdalina, che si trasforma in acido cianidrico, quindi si pensa che gli antichi consumassero mandorle arrostite per neutralizzarne la nocività.

Il mandorlo addomesticato non è tossico e sembra che sia stato coltivato già all'inizio dell'Età del Bronzo, alcuni semi sono stati trovati anche nella tomba di Tutankhamon.

Le mandorle sono largamente consumate per preparazioni dolci e salate e per ricavare pasta, farina e latte di mandorla, oltre che per estrarne il prezioso olio che ha una fortissima valenza cosmetica.

La mandorla vanta proprietà nutrizionali eccezionali, con grande presenza di vitamina E (23,6-26 mg per 100 g di prodotto edibile), è un fondamentale antiossidante che aiuta a contrastare l'attività dei radicali liberi, proteggendo le membrane cellulari e rallentando i processi di invecchiamento. Contiene anche vitamina A, vitamine del gruppo B, betacarotene e luteina.

Il minerale più rappresentato nella mandorla è il magnesio (270 mg circa per etto), ma anche la presenza di calcio è alta (220 mg per etto) e la rende un alimento ideale per contrastare l' osteoporosi e per il buon mantenimento dei denti. Il ferro è presente in circa 3 mg per etto, infatti il consumo di mandorle è consigliato per chi soffre di anemia. Sono presenti anche altri oligoelementi preziosi per la salute come rame, fosforo, manganese e zinco.

I lipidi contenuti sono monoinsaturi e polinsaturi, essenziali per il mantenimento di una regolare struttura cellulare e per il riequilibrio dei livelli del colesterolo.

Le mandorle, mangiate regolarmente, sono utili nella prevenzione della formazione di placche aterosclerotiche nei vasi sanguigni e riducono i rischi di ictus e infarto.

Le mandorle sono un cibo energetico e ricostituente, gustarle è indicato in caso di stanchezza fisica e mentale, per i convalescenti e per gli sportivi.

Il consumo regolare può farne un buon integratore durante la gravidanza e l'allattamento e nel delicato periodo di maternità è consigliabile nutrire la pelle in deformazione con olio di mandorle dolci che è idratante e restitutivo. Questo seme ha la maggiore presenza di fibre tra tutta la frutta secca, che sono fondamentali per facilitare la motilità intestinale.

Essendo un alimento molto calorico (600 Kcal per 100 g), se non si hanno problemi di peso, se ne possono assumere circa 30 g al giorno, sennò è necessario dimezzare le dosi.

MELAGRANA

La melagrana è una bacca denominata "balausta" dell'arbusto del melograno (*Punica granatum*), appartenente alla famiglia delle Punicacee, che allo stato selvatico si riproduce per polloni formando una fitta boscaglia dai colori vividi. Il suo nome deriva dalla crasi dei termini latini *malum* ("mela") e *granatum* ("con semi"). Il frutto è caratterizzato da una robusta corona a quattro-cinque pezzi, che sono residui del calice fiorale, e da una scorza coriacea che racchiude la parte edibile, caratterizzata dai semi, colorati arilli dolciastri e aciduli che hanno molte proprietà apprezzabili per la salute. Anche la buccia di melagrana, essiccata e ridotta in polvere e utilizzata come decotto, ha applicazioni fitofarmaceutiche, come vermifugo e astringente, grazie alla presenza di tannini. Sempre dalla scorza si ottiene una tonalità di giallo tipicamente utilizzata negli arazzi arabi e viene usata per conferire il gusto amaro al vermouth. I petali in infuso sono apprezzati per lenire infiammazioni gengivali, ma il vero tesoro per il benessere sono i semi che rappresentano un'eccellente sorgente di acido ascorbico, ovvero la vitamina C (20 mg per 100 g), e di vitamine del gruppo B, K ed E, di potassio (250 mg per 100 g) e di apprezzabili quantità di polifenoli antiossidanti. Inoltre, sono presenti minerali fondamentali per la salute come fosforo, potassio, calcio, selenio, magnesio, ferro e zinco.

Le sostanze polifenoliche contenute, in particolare l'acido ellagico, prevengono l'insorgenza di malattie vascolari. Tali elementi antiossidanti proteggono dalla degenerazione dell'apparato vascolare che è provocata dalla formazione dei radicali liberi per ossidazione, dall'insorgenza di patologie coronariche e dall'arteriosclerosi. Studi scientifici affermano che bere un bicchiere di succo di melagrana appena spremuta al giorno rallenta la crescita e la diffusione del cancro alla prostata, per merito della presenza di un antigene prostatico specifico; inoltre, si è verificato un aumento della qualità e della motilità dello sperma e dei livelli di testosterone.

Il succo di melagrana fa bene anche alle donne perché gli ellagitannini contenuti nei semi contrastano la sovrabbondanza degli estrogeni, inibendo l'aromatasi e arginando dunque la proliferazione di cellule cancerogene nei tessuti del seno.

Per di più questo frutto contribuisce a nutrire e ringiovanire la pelle, aumentando la rigenerazione delle cellule, quindi è un naturale *antiage*.

Le antocianine contenute nel succo di melagrana sono in grado di svolgere un'azione protettiva contro ii danni da raggi UV, una delle cause principali del cancro alla pelle.

Il melograno ha origini antichissime e proviene dalla Persia, da dove poi si è diffuso in Armenia, Afghanistan, Turchia, Israele e India; essendo una pianta molto robusta, è coltivata nelle zone aride del Sud-Est asiatico. Venne introdotto in Europa dai mercanti fenici ed è il simbolo di abbondanza e prosperità in tantissime religioni e leggende antiche.

In cucina l'incredibile versatilità della melagrana la rende adatta per arricchire tutte le pietanze, dall'antipasto alla pasticceria. Si presta, oltre che come bevanda, a succulenti piatti etnici anche sotto forma di aceto (conosciuto nei Paesi turchi e limitrofi come *nar ekşisi*), melassa (una riduzione usata in quasi tutte le cucine mediorientali, dall'Iran alla Turchia ai Paesi arabi, dove si chiama *dibs rumman*, e in particolare in Libano e Siria), oppure essiccata (preparazione conosciuta con il nome di "anardana", usata in India e in Medio Oriente, come acidificante ed esaltatore di sapore).

MIELE DI MANUKA

Questo pregiatissimo miele dalle magiche proprietà curative proviene dal nettare dei fiori dell'albero di manuka (*Leptospermum scoparium*), una specie autoctona della Nuova Zelanda, infatti viene prodotto esclusivamente in questo luogo, dove gli alberi di manuka crescono spontanei e lontani da agenti inquinanti.

Il miele di manuka è noto per essere il più affidabile alimento completamente naturale che ha dimostrato di avere un'efficace e attendibile proprietà antibatterica, in virtù della presenza di metilgliossale. Un recentissimo studio pubblicato sull'«Indian Journal of Experimental Biology» ha confermato che il metilgliossale contenuto nel miele di manuka agisce con successo contro la *Pseudomonas aeruginosa*, un batterio resistentissimo agli antibiotici che provoca nell'uomo infezioni polmonari, cutanee, oto-oftalmiche e del tratto urinario.

Il metilgliossale è attivo nell'apparato gastrointestinale per circa un paio d'ore e si combina con le proteine assunte nel cibo che lo neutralizzano.

Per questo motivo è consigliabile assumere il miele a stomaco vuoto.

Il miele di manuka può aiutare a curare ulcere e reflusso gastrico poiché contrasta l'aggressione di batteri come l'*Helicobacter pylori*, ed è utile e usato da sempre per guarire ustioni e ferite. Per lo spiccato potere rigenerante dei tessuti, viene in soccorso di eczemi, psoriasi e dermatiti.

Consumare questo dolce rimedio naturale giova alla salute, perché il miele di manuka è un potente antibatterico, antivirale, antiossidante, antisettico, antinfiammatorio e antifungino, cura e lenisce mal di gola, mal di denti, afte e aiuta la digestione. Ha un gusto forte e unico che può valorizzare molte bevande, la sua azione disinfettante per la pelle lo rende anche un cosmetico purificante, nutriente e curativo in caso di acne e infezioni cutanee.

MIRTILLI

Vi sono vari tipi di mirtilli e tutti sono altamente considerati per le spiccate proprietà salutistiche: sono, infatti, ricchi di sostanze fitochimiche attive, sono potenti antiossidanti e protettori del sistema vascolare, astringenti, tonici e rimineralizzanti, proteggono il sistema immunitario e hanno ottime proprietà antinfiammatorie, soprattutto sull'intestino.

Il **mirtillo nero** (*Vaccinium myrtillus*) è un arbusto della famiglia delle Ericacee che cresce spontaneo nei boschi e produce una pseudobacca bluastra e tondeggiante, ricca di sostanze preziose per la salute, soprattutto di antiossidanti e vitamine.

Proprio per questo aspetto antiossidante l'impiego di estratti di mirtillo è ritenuto efficace in malattie nella cui genesi sono coinvolti i radicali liberi dell'ossigeno, come per esempio l'arteriosclerosi e anche determinate neoplasie.

Questo piccolo frutto dalle grandi qualità contiene quantità apprezzabili di acidi organici, come quello citrico e malico, zuccheri, un glucoside antocianico denominato mirtillina, e proantocianidine e antocianosidi. La mirtillina e i betacaroteni proteggono il collagene dei tessuti dall'aggressione dei radicali liberi e migliorano l'integrità dei capillari, svolgendo un'azione benefica sulla microcircolazione e nei problemi vascolari, e soprattutto a carico della retina, infatti sono indicati per la prevenzione del glaucoma e migliorano la vista in presenza di poca luce. Mangiare mirtilli, inoltre, è utile per contrastare le vene varicose.

Questi graziosi frutti di bosco contengono vitamina A, C, E e, in quantità minore, vitamine del gruppo B, sono ricchi di sali minerali come calcio, ferro, fosforo, magnesio e potassio.

I mirtilli favoriscono la diuresi e contrastano efficacemente la ritenzione idrica, in più regalano al corpo un composto fenolico, l'acido clorogenico, che ha un effetto equilibrante sulla glicemia, riducendo il rischio di diabete.

Il mirtillo rosso americano o **cranberry** (*Vaccinium macrocarpon*) cresce in zone freddo-umide e palustri ed è largamente usato in fitoterapia in forza delle sue spiccate qualità terapeutiche che riguardano in particolare le infezioni delle basse vie urinarie. È usato da sempre in modo molto efficace in casi di cistite e apporta all'organismo proantocianidine che fungono da strato molecolare protettivo, respingendo l'adesione dei batteri patogeni, come l'Escherichia coli, degradandoli a innocui simbionti.

Le ricerche dell'Università di Tel Aviv hanno dimostrato che costituenti ad alto peso molecolare del succo di cranberry possono inibire la coaggregazione dei batteri presenti nel biofilm dentale, soprattutto quando almeno una specie delle coppie di batteri appartiene agli anaerobici Gram-negativi, svolgendo così un'azione neutralizzante sui microrganismi patogeni responsabili delle affezioni parodontali. Anche il cranberry, come il mirtillo nero, ha proprietà astringenti, antibatteriche, rimineralizzanti e antiossidanti, ma ha un gusto più acido di quello nero.

I mirtilli vengono assunti sotto forma di succo concentrato, composte, gelatine e anche i frutti interi si prestano a ghiotte ricette dolci e salate, freschi o essiccati.

Molte proprietà dei mirtilli vengono riscontrate in tutti i **frutti di bosco** e nei **frutti rossi** che dovrebbero sempre essere integrati in una dieta bilanciata a cominciare dalla colazione. Inoltre, hanno un sapore gradevolissimo.

MORINGA

Il termine "moringa" deriva dal nome di questa pianta, *Murungai*, முருங்கை nella lingua dravidica meridionale indiana. La moringa (*Moringa oleifera*) è un albero cespuglioso che cresce nella fascia equatoriale e tropicale appartenente alla famiglia delle Moringacee. Ha un tronco ramificato alla base e, in condizioni di terreno favorevole, può raggiungere una decina di metri d'altezza.

Ha foglie imparipennate ovali verde chiaro e fruttificazione baccelliforme.

Si ritiene che la moringa abbia origini indiane e che provenga dalle zone pedemontane della catena himalayana dell'Uttar Pradesh. È conosciuta come "albero della vita" perché è una pianta molto prolifica e a fruttificazione precoce e pluriennale e, per il suo tronco dalla tipica consistenza spugnosa, è resistente alla siccità e ha incredibili proprietà nutrizionali. Tutta la pianta è commestibile, ma è difficile trovarla importata in Europa, quindi se ne ricava una polvere dai vari usi alimentari e i suoi principi nutrizionali non vengono intaccati nemmeno dalla bollitura.

La moringa è un superfood eccezionale: le foglie, dal sapore gradevolmente piccante, sono ricche di sostanze nutrienti, presentano il quadruplo in vitamina A delle carote e una concentrazione di vitamina C che supera di 7 volte quella delle arance, hanno addirittura il 25% in peso di proteine in più delle uova e il doppio del latte vaccino, oltre che il triplo del potassio delle banane. Nello straordinario profilo nutrizionale della moringa si notano anche apprezzabili quantità di quercetina, un flavonoide talvolta usato come antistaminico naturale per la sua capacità di stabilizzare la produzione di istamina nel corpo. È presente anche l'acido clorogenico, un composto fenolico che ha un effetto equilibrante sulla glicemia.

Oltre che per uso umano, le foglie rappresentano un valido ricostituente per l'alimentazione degli animali da foraggio. Inoltre, anche pesci erbivori, come le carpe, apprezzano moltissimo il sapore della moringa. I baccelli, conosciuti come *drumstick*, vengono bolliti e impiegati, quando reperibili, in varie ricette etniche. Nell'antica medicina tradizionale Siddha del Tamil sono considerati dei potenti afrodisiaci per entrambi i sessi.

Anche i fiori sono commestibili e generano un miele molto nutriente, difficilmente reperibile in Italia.

I semi vengono di solito bolliti o tostati e sono ricchi d'olio, che contengono dal 30 al 50%, e costituiscono un'importantissima risorsa alimentare. L'olio estratto ha un gusto delicato e piacevole ed è un forte antiossidante, infatti non irrancidisce e contiene dal 65 al 76% di acido oleico. Il panello, ovvero la pasta residua dell'estrazione dell'olio, presenta il 60% di proteine pregiate ed è adatto per l'alimentazione umana e per mangimi zootecnici. Di questo albero della vita si usa anche la corteccia ricca di tannini, perciò è impiegata nella concia del pellame mentre le fibre lignee sono usate nell'industria della carta. Ma questa pianta miracolosa è una fonte di altri utili impieghi. Dalla macerazione delle foglie si ricava un concime che, se nebulizzato, è responsabile della crescita delle piante fino al 25%. La farina di semi di moringa è un efficace depuratore dell'acqua, tanto che la pianta è conosciuta nella Valle del Nilo come *Shagara al Rauwaq* ovvero "albero che purifica". Questa peculiarità è dovuta alla sua ottima azione flocculante grazie alla quale cattura, fissando, inglobando e facendoli depositare sul fondo, i batteri e le impurità in sospensione.

Tale capacità portentosa è riconosciuta nei Paesi con acque impure che considerano la moringa un albero purificatore che dona acque limpide, oltre che come una pianta che salva dalla carestia e dalla malnutrizione. In cucina il baccello fresco può essere usato per zuppe indorientali, dalle foglie si ricava un infuso che può essere utilizzato anche per preparazioni dolciarie, e la polvere è ottima aggiunta a salse e bevande.

NOCE

Questa energetica frutta secca, ricca di antiossidanti e grassi acidi essenziali, è racchiusa nel seme del noce (*Juglans regia*), un albero maestoso e robusto appartenente alla famiglia delle Juglandacee, apprezzato per il suo legno resistente e la sua radica.

L'esocarpo carnoso della drupa è il mallo, ricco di tannini, usato per la preparazione del liquore nocino e in cosmetica come riflessante dei capelli scuri. Il mallo protegge il seme, il cui gheriglio ha molte proprietà nutrizionali.

Nell'immaginario popolare l'albero del noce è legato alla stregoneria e, secondo la teoria delle segnature di Paracelso, basata sulle analogie, la noce è benefica per il cervello, in quanto il gheriglio ne ricorda la forma. Scientificamente questa teoria si è rivelata valida perché gli antiossidanti contenuti nella noce, i grassi del gruppo Omega, il fosforo e in particolare la vitamina B6, proteggono davvero le funzioni cerebrali, prevenendo malattie degenerative come il Parkinson e l'Alzheimer.

Le noci sono costituite per la maggior parte da grassi polinsaturi del gruppo Omega e proteine.

Gli acidi grassi essenziali presenti, come l'acido α-linolenico e il γ-linolenico, diminuiscono il colesterolo cattivo a favore di quello buono, svolgono una preziosa azione antinfiammatoria e antitumorale e proteggono l'apparato cardiovascolare. Fra le vitamine, una particolare menzione va alle vitamine del gruppo B. Sono presenti la B1 o tiamina, indispensabile nel metabolismo energetico e nella regolazione delle funzioni del sistema nervoso e cardiocircolatorio, e la B6, che regola la sintesi di serotonina, prevenendo depressione e insonnia, e potenzia il sistema immunitario, proteggendo anche le attività cerebrali. In buone quantità nelle noci si trova anche la

B9, essenziale per la produzione di emoglobina e che svolge un ruolo molto importante sia durante la crescita sia in gravidanza, evitando l'insorgenza di malformazioni fetali.

Il benefico complesso nutrizionale dei gherigli di noce include un'ottima quantità di vitamina E, che apporta all'organismo le sue preziose proprietà antiossidanti.

Fra i minerali è presente in modo consistente il fosforo (238 mg per 100 g), importante per le funzioni cognitive, la concentrazione e la memoria, il calcio (131 mg per 100 g), importante per il sistema osseo, e il ferro (2,60 mg per 100 g), che scongiura l'anemia. Le noci contengono anche un aminoacido, l'arginina, che contrasta l'*herpes simplex* ed è fondamentale sia nella crescita, essendo trofica, sia per il tessuto muscolare.

Le noci fanno bene al cuore, al cervello e al sistema nervoso, prevengono l'ipertensione, abbassano il colesterolo e rafforzano il sistema immunitario, sono ipoglicemizzanti, digestive e diuretiche, però, essendo molto caloriche, se ne consiglia un uso moderato, dai 40 ai 60 g al giorno.

In cucina sono un prezioso ingrediente per salse, pesti e prodotti da forno dolci e salati e, come tutta la frutta secca, sono apprezzate soprattutto dagli sportivi come spuntino.

OLIO EXTRAVERGINE D'OLIVA

L'olio extravergine d'oliva è ricavato dalle nutrienti drupe dell'ulivo (*Olea europaea*), che sono, con l'avocado, i frutti con la polpa più grassa esistenti in natura.

L'olio extravergine è il tipico superfood della dieta mediterranea perché è un vero elisir di benessere fin dall'antichità. Questa prerogativa lo rende l'olio più sano e naturale di tutti, poiché, a differenza degli oli di semi che vengono estratti chimicamente, l'olio d'oliva subisce una semplice pressatura a freddo, senza l'intervento di solventi, ed è quindi immune dalla degradazione dei suoi preziosi fattori nutraceutici, causata dal calore. L'olio d'oliva ha delle caratteristiche nutrizionali stupefacenti: è ricchissimo di antiossidanti come i polifenoli, di vitamina E, che protegge le membrane cellulari dai processi d'invecchiamento, di vitamina K, la clorofilla, e presenta anche un alto tenore in acidi grassi monoinsaturi e il giusto rapporto fra saturi e polinsaturi.

L'olio d'oliva ha proprietà antinfiammatorie in virtù della presenza elevata di un derivato polifenolico, l'oleocantale, che è il principio attivo che gli conferisce il gusto amaro e piccantino e aiuta a depurare il cervello dal beta amiloide, contrastando la demenza da Alzheimer, che è caratterizzata da un accumulo di placche di proteina beta amiloide nei neuroni del cervello. Inoltre, contiene oligoelementi importanti per la salute, quali potassio sodio, calcio, ferro e zinco.

L'uso d'olio d'oliva rappresenta una prevenzione naturale per contrastare l'insorgenza di molte malattie come l'infarto, il cancro e le artriti. Per di più l'olio extravergine d'oliva migliora le funzioni endoteliali, abbassa la pressione sanguigna, combatte il danno ossidativo dovuto ai radicali liberi, fortifica il sistema immunitario, tiene sotto controllo il colesterolo grazie ai fitosteroli presenti e all'attività degli acidi grassi monoinsaturi – come l'acido oleico e il palmitoleico – che stimolano anche la contrazione della cistifellea, favorendo la liberazione degli acidi biliari e, di conseguenza, la digestione.

In aggiunta, il suo uso topico è un rimedio per ustioni e dermatiti, rafforza e lucida i capelli e le unghie e nutre la pelle.

L'olio d'oliva è davvero un superfood antichissimo e meraviglioso, ma per godere delle molteplici proprietà di questo condimento gustosissimo e sano, bisogna essere accorti nell'acquisto e prediligere quello italiano e biologico con un contenuto di polifenoli di almeno 250 mg/kg.

È anche opportuno tenerlo al riparo da fonti di luce e di calore, per una perfetta conservazione.

PAPAYA

La papaya (*Carica papaya*) è il frutto di una pianta appartenente alla famiglia delle Caricacee, originaria del Centro America. In Messico era chiamata *Chichihualtzapotl*, che in nahuatl significa "frutto dolce da balia", perché era un frutto particolarmente connesso con la fertilità.

Dalla papaya si estrae la papaina, un enzima proteolitico che, favorendo appunto la digestione delle proteine, se assunto prima dei pasti, è di grande aiuto per chi soffre di gastrite o problemi digestivi. Ma la papaya è anche utile per la luminosità dell'incarnato: usata in forma topica come maschera di bellezza rimuove le cellule morte rivitalizzando la pelle, infatti viene utilizzata per il trattamento di dermatiti come eczemi e psoriasi. La papaya è una miniera di sostanze benefiche per il corpo, è ricca di nutrienti antiossidanti quali carotenoidi, flavonoidi e vitamina C, contiene vitamine del gruppo B (folato e acido pantotenico), vitamina E e vitamina A. Le tre potenti vitamine antiossidanti presenti al suo interno – la vitamina A, la vitamina C e la vitamina E – contribuiscono a prevenire problemi come l'aterosclerosi, le malattie cardiache e il diabete. I carotenoidi contenuti nella polpa, coadiuvati sempre dalle vitamine E e C, contrastano l'ossidazione del colesterolo scongiurando ictus e attacchi cardiaci, e il betacarotene è un antiossidante che contribuisce a migliorare la vista e a proteggere la macula retinica durante la terza età ed è una naturale protezione per gli occhi. La papaya è anche una buona risorsa di fibre e minerali come il magnesio e il potassio. Questo frutto dalla polpa solare è un superfood detox, aiuta a drenare i liquidi e le tossine in eccesso, svolgendo un'azione antinfiammatoria e purificante per l'organismo in generale e per la pelle in particolare.

È un alimento molto energetico e zuccherino, è rimineralizzante e contrasta lo stress psicofisico.

I semi di papaya sono indicati per mantenere il cuore in salute.

La papaya, inoltre, è efficace per eliminare infestazioni da platelminti intestinali, evitando così le infezioni e le complicazioni a essi associati, ed è d'aiuto per chi soffre di cinetosi: la presenza di folato e vitamine generano, infatti, un effetto tonico nello stomaco e nell'intestino e le fibre contenute servono ad aumentare i movimenti peristaltici, evitando la costipazione.

La papaya è utile in fitoterapia contro l'ernia del disco, l'artrite reumatoide e l'osteoartrite, per la presenza di un enzima specifico, la chimopapaina, che ha un effetto significativo sul controllo di queste patologie degenerative.

In cucina dona gusto e allegria a frullati, gelati e macedonie, ma anche a ceviche di pesce e salse etniche.

SALMONE SELVAGGIO E PESCE AZZURRO

Fra i superfood di origine animale, il salmone è tra i più apprezzati per il suo sapore caratteristico e raffinato, ma per godere delle sue proprietà è consigliabile consumare quello selvaggio (*Salmo salar*) che si nutre di krill, un fitoplancton con un apporto nutritivo prezioso, piuttosto che i tanti esemplari di allevamento cresciuti a pellet a uso zootecnico.

Il salmone è una specie anadroma, ovvero la sua riproduzione avviene nel tratto alto dei fiumi, poi le nuove generazioni raggiungono il mare dove si accrescono fino alla maturità sessuale, quando devono migrare per spostarsi nei luoghi di riproduzione d'acqua dolce.

Il salmone è ricco di acidi grassi essenziali Omega 3, fondamentali per l'organismo, e che hanno proprietà antinfiammatorie e supportano una funzionalità cellulare ottimale, riducono i trigliceridi e la pressione arteriosa, migliorano la circolazione venosa e l'elasticità dei capillari, rallentano l'invecchiamento cellulare, contrastando i radicali liberi e così anche il declino delle facoltà mentali.

Inoltre, gli acidi grassi prevengono l'aterosclerosi, ossia la forma di arteriosclerosi nella quale si verifica la presenza di accumuli di colesterolo, fluidificano il plasma e riducono l'aggregazione piastrinica.

Sembra che il consumo di salmone influisca anche sull'umore, migliorandolo.

Questi acidi polinsaturi dalle notevoli proprietà si trovano anche in quantità abbondanti nel pesce azzurro, come per esempio le **acciughe**, le **sarde** e lo **sgombro**, che, anche se meno costosi del pregiato salmone, rientrano a pieno diritto nei superfood e la loro introduzione nella dieta è altamente consigliata. Tutti questi pesci, inoltre, apportano grandi quantità di vitamina D, fondamentale per favorire l'assorbimento del calcio e mineralizzare le ossa, per questo devono essere consumati per combattere l'osteoporosi. Sono anche una ricca fonte di proteine nobili e vitamine preziose: oltre alla D, sono presenti anche la B6, coinvolta nella sintesi della serotonina, della dopamina e della noradrenalina, neurotrasmettitori importanti per la risposta degli impulsi nervosi, e utile per contrastare i fastidiosi sintomi della sindrome premestruale, e la B12, che combatte la stanchezza, interviene per curare il morbo di Crohn e l'anemia perniciosa.

Nel complesso nutrizionale di queste specie ittiche si trovano anche oligoelementi chiave per il metabolismo, in particolare il fosforo e il selenio.

L'affumicatura o la conservazione sotto sale o olio non intaccano particolarmente i principi nutritivi; se si acquista pesce fresco, va prediletto quello con branchie di colore vivido e occhi non appannati e, se si ama gustarlo crudo per carpacci, sushi o sashimi, sono necessari degli accorgimenti atti a preservare la salute del consumatore. Infatti, bisogna sottoporre il pesce al processo di abbattitura, che scongiura infestazioni di nematodi pericolosissimi, come l'anisakis, che invadono l'apparato digerente e, dalla tonaca muscolare, possono diffondersi in tutto l'organismo.

SEMI VARI DI LINO, SESAMO, PAPAVERO, GIRASOLE, ZUCCA

I semi vari sono per loro natura dei potenti superfood, vengono spesso venduti mescolati per praticità per condire insalate e contorni, per ingentilire antipasti e arricchire piatti e prodotti da forno, hanno una potente carica energetica e molte proprietà nutrizionali. Integrare ogni pasto con una generosa dose di semi dona gusto, benessere e fantasia a ciascuna portata. L'importante è masticare bene il tegumento, o usarli in farina o olio per renderli digeribili e sprigionare la loro potenza nutritiva, godendo così appieno delle proprietà di questi piccoli ma fondamentali alimenti per la salute del nostro corpo.

Il **lino** (*Linum usitatissimum*) è una pianta nativa del Mediterraneo che viene usata principalmente nella produzione tessile.

I semi possono essere macinati, oppure se ne può estrarre

l'olio. L'olio e i semi di lino sono le risorse più abbondanti di lignani, costituiti da fibre che si legano ai recettori degli estrogeni e interferiscono con gli effetti ormonali che promuovono il cancro sul tessuto mammario, ovarico e prostatico. Questi fitoestrogeni prevengono la trasformazione precancerosa delle cellule, così come la replicazione e la motilità delle cellule tumorali.

I semi di lino hanno un contenuto proteico del 20% e un alto apporto di minerali come rame, zinco, fosforo, magnesio e manganese, inoltre contengono grassi polinsaturi antiossidanti del gruppo Omega 3 e 6 che donano un prezioso contributo per la salute dell'intero organismo e un valido aiuto per il corretto funzionamento del sistema immunitario e cardiovascolare. I semi di lino sono indicati nei problemi di stipsi per la presenza delle mucillagini che si sprigionano lasciandoli rinvenire in acqua, e hanno elevati benefici emollienti e antinfiammatori che li rendono particolarmente adatti a combattere problemi di cistite e infiammazioni interne.

L'olio di lino, oltre che ingerito, è un immediato rimedio di bellezza che rende soffici, nutriti e lucidissimi i capelli.

Il **sesamo** (*Sesamum indicum*) proviene dall'India ed è usato anche per produrre un olio ricco di proprietà. Il sesamo è un rimineralizzante con apprezzabili quantità di calcio, contiene vitamina A ed E e vitamine del gruppo B come B1, B2, B3, B5, B6. Nel sesamo è presente anche la vitamina J, ovvero la colina, un coenzima essenziale alla costituzione delle membrane cellulari e dei neurotrasmettitori colinici. Siccome questo è un composto organico solo parzialmente sintetizzato dall'organismo, deve essere integrato tramite la dieta.

I semi di sesamo rappresentano un ottimo ricostituente per

le piastrine del sangue e l'emoglobina, e rafforzano il sistema immunitario.

Nel sesamo sono presenti aminoacidi come l'acido aspartico e il glutammico, l'alanina, l'arginina, la cistina, la glicina, la fenilalanina, l'istidina, la lisina, l'isoleucina, la leucina, la prolina, la metionina, la serina, la tirosina, il triptofano, la valina e la treonina. I semi contengono anche acido oleico e linoleico, fondamentali per il corretto funzionamento dell'organismo e per abbassare il colesterolo.

In cucina possono essere usati al naturale, tostati, come olio o come pasta, o come tahini, ingrediente immancabile per l'hummus.

I **semi di papavero** (*Papaver nigrum*) sono ricchi di proprietà benefiche che però, per fare effetto, dovrebbero essere assunti in grandi quantità. Comunque, aggiungere una spolveratina di semi di papavero è salutare e rallegra ogni piatto, dolce o salato. Hanno un apporto calorico elevato, contengono acidi grassi Omega 6 e fitosteroli che combattono il colesterolo. Includono vitamina C ed E, quindi hanno proprietà antiossidanti, e la B1. Apprezzabile è la quantità di sali minerali, fra i quali soprattutto calcio e manganese, ma anche potassio, ferro, rame, selenio, fosforo, magnesio.

I **semi di girasole** (*Helianthus annuus*) sono gli acheni di una pianta annuale della famiglia delle Asteracee. Contengono ragguardevoli quantità di vitamine B1, B2, B6, A, D e una concentrazione consistente di vitamina E. Sono una valida sorgente di ferro, selenio, cobalto, manganese, zinco e rame. Vantano una buona presenza di acidi grassi essenziali del gruppo Omega e acido clorogenico e folico. Agiscono da potenti antiossidanti e antinfiammatori e sono conosciuti anche per le loro proprietà antitumorali, grazie alla capacità di apoptosi, una sorta di suicidio cellulare naturalmente programmato. I semi di girasole sono un supporto per le donne in gravidanza e in menopausa.

In cucina si rivelano eclettici e l'olio di semi di girasole è fra i più indicati per rendere croccanti le fritture.

I **semi di zucca** (*Cucurbita maxima* e *moschata*) sono un superfood sottovalutato che spesso viene eliminato per dare importanza alla polpa della zucca. Invece sono proprio i semi lo scrigno di sostanze benefiche e, tostati, rappresentano uno snack sfizioso e salutare, ma possono avere vari impieghi in cucina. I semi di zucca sono ricchi di fitosteroli, magnesio, Omega 3, elementi che abbassano il livello di colesterolo cattivo nel sangue e migliorano la salute del cuore e di tutto il sistema cardiocircolatorio.

I semi di girasole apportano triptofano, che aiuta a far riposare bene la notte e a migliorare l'umore, inoltre sono, per la presenza di cucurbitina, ottimi vermifughi, e per la quantità di acido linolenico apportato all'organismo si rivelano dei potenti antinfiammatori naturali. I semi di zucca hanno proprietà alcalinizzanti che contrastano l'acidità di stomaco e favoriscono la digestione.

In più contengono molte vitamine del gruppo B che permettono la corretta assimilazione dei carboidrati e delle proteine e la loro trasformazione in energia, mantenendo stabile il livello degli zuccheri ed evitando i cali fisici grazie alla presenza di vitamina K. Fra le vitamine sono presenti anche la E e la C che hanno una comprovata azione antiossidante.

I semi di zucca, apportando una considerevole quantità di ferro, sono indicati in caso di anemia, durante le mestruazioni o diete scorrette in cui scarseggia questo minerale.

Mantengono, grazie al cospicuo contenuto di zinco, in salute la prostata contrastando ipertrofie cancerose e combattono le infezioni urinarie per il loro contenuto in fitosteroli. I semi di zucca sono particolarmente utili anche per combattere la caduta dei capelli, rendendoli più resistenti e vitali.

TÈ VERDE

Il tè verde è l'infuso delle foglie di camelia (*Camellia sinensis*), un arbusto originario dell'Asia sud-orientale dove viene bevuto da oltre 5000 anni, perché fin dall'antichità gli sono attribuite proprietà di lunga vita. La scienza ha confermato queste qualità, indicando nel suo aspetto nutrizionale sostanze benefiche per la salute.

Il processo di lavorazione del tè verde prevede il lavaggio a vapore delle foglie appena raccolte e l'immediata essiccazione per impedirne l'ossidazione e preservarne attive le molteplici proprietà. Infatti il tè verde contiene abbondanti polifenoli, come le catechine, presenti per il 40% del peso secco delle foglie di tè, tannini idrolizzabili, flavonoidi, teina, teofillina, vitamine del gruppo B, minerali e aminoacidi che lo rendono ricco di proprietà antiossidanti, antinfiammatorie, toniche, diuretiche, depurative.

I polifenoli del tè esercitano anche un'effettiva azione antinfiammatoria e antitumorale, messa in luce da diversi studi scientifici svolti in proposito.

Nel tè verde è presente l'epigallocatechina gallato, un antiossidante e antimutagenico che aiuta a proteggere la cute dai danni prodotti dalle radiazioni ultraviolette. Questo tipo di catechina funge anche da antiaggregante piastrinico che svolge un'azione inibente, come testimoniano ricerche mediche, di virus e di tutti i tipi di cancro alla prostata, ma è utile anche per contrastare e prevenire il tumore ai polmoni, al colon, al seno, alla pelle, al pancreas e al fegato.

Gli stessi polifenoli sono potenzialmente coinvolti nella prevenzione di patologie cardiovascolari e neurodegenerative come il Parkinson e l'Alzheimer.

Sorseggiare regolarmente tè verde ha anche effetti riequilibranti del tasso glicemico, quindi è indicato in caso di diabete, grazie alle metilxantine, alcaloidi a nucleo purinico che diminuiscono l'assorbimento di zuccheri e stimolano l'eliminazione dei grassi. Inoltre, essendo molto diuretico e drenante, il tè verde è indicato durante le diete.

Le vitamine presenti nel profilo nutrizionale di questo elisir di longevità sono la vitamina C, vitamine del gruppo B e la vitamina K; in più, per la presenza di potassio, fluoro, fosforo, calcio e ferro, è un valido rimineralizzante e procura benefici al metabolismo.

Il tè verde apporta un aminoacido psicoattivo, la teanina, che ha un'azione vantaggiosa sui neurotrasmettitori cerebrali, favorisce la concentrazione, contrasta lo stress psicofisico e ha un effetto calmante, inoltre aiuta a combattere le dipendenze come quelle dal fumo e dallo zucchero ed è consigliato per attenuare i disagi premestruali.

Insieme alla teanina è presente anche la teina che ha un'azione stimolante e tonica. Allo stesso modo, il fluoro e le catechine contenute contribuiscono alla prevenzione delle carie, regolano la pressione e rinforzano le ossa.

Essendo questa bevanda un forte antiossidante, contrasta l'invecchiamento cutaneo e previene la caduta dei capelli.

Per evitare di deteriorare i principi attivi si consiglia di non mettere il tè in acqua bollente, ma di raffreddarlo a una temperatura di 70-80 °C e lasciarlo in infusione dai 3 ai 5 minuti.

La qualità giapponese **matcha** è una polvere concentrata di tè verde cresciuto all'ombra e che si distingue nelle varietà *koicha* (spesso), che proviene da piante di età superiore ai trent'anni, e *usucha* (sottile), da piante di età inferiore ai trent'anni utilizzata nella *Cha no yu*, la cerimonia del tè. Per adempiere a questo rigoroso rituale, è necessario munirsi degli strumenti tradizionali adatti, come la scatola *chaki* in ceramica o legno che contiene il tè durante il rito, la ciotola *chawan* i cui colori esaltano il verde giada del tè matcha, il cucchiaino di bambù dosatore *chasaku* e il frustino *chasen* per mescolare.

Il tè verde rappresenta un ingrediente esotico anche per dolci, gelati, biscotti ed è usato in alta cucina per aromatizzare risotti e piatti a base di carne e pesce. È bene ricordarsi di non aggiungere latte all'infuso, perché la caseina è in grado di neutralizzare i polifenoli, che sono le componenti più benefiche.

UOVA

Le uova sono un superfood eccellente, rappresentano l'alimento più nutriente del pianeta, sono il vero simbolo della vita, ma spesso non sono annoverate nelle liste dei superfood più di tendenza, solo perché sono comuni e non evocano il fascino dei Paesi lontani come altri alimenti più difficilmente reperibili. Ma le uova sono un tesoro per il nostro benessere che contengono ben 18 nutrienti essenziali.

La scarsa popolarità dei benefici delle uova nella dieta è dovuta all'ignoranza del consumatore che si è fatto ingannare da un errato e superato preconcetto che vedeva l'uovo come nocivo per il fegato, ricco di colesterolo e poco digeribile.

In realtà, seri studi scientifici hanno confermato che l'uovo favorisce lo svuotamento della colecisti, è altamente assimilabile, epatoprotettivo e contiene grassi salutari.

Le uova vantano un'alta incidenza di vitamine del gruppo B, necessarie per le funzioni vitali del corpo, di vitamina A, indispensabile per il regolare funzionamento della vista, e sono una delle poche fonti alimentari naturali di vitamina D, che favorisce un regolare sviluppo delle ossa ed è fondamentale per prevenire l'osteoporosi, e di vitamina K, coinvolta nella coagulazione del sangue. L'uovo è ricco di minerali fondamentali come zolfo, fosforo, ferro, calcio e selenio.

I tuorli contengono grandi quantità di luteina e zeaxantina, potenti carotenoidi antiossidanti benefici per la retina oculare che proteggono dal rischio di degenerazione maculare e cataratta senile.

Inoltre, le uova sono uno dei pochi alimenti che presenta vitamina J, ovvero la colina, un coenzima essenziale alla costituzione dei neurotrasmettitori colinici e delle membrane cellulari, che ha un fondamentale ruolo precursore di mediatori chimici e interviene nella formazione di elementi cellulari strutturali, rivelandosi preziosa per mitigare disturbi cognitivi e percettivi e patologie cardiovascolari.

La composizione nutrizionale delle uova varia a seconda delle specie avicole e delle modalità di alimentazione e allevamento. Per questo motivo si suggerisce l'acquisto di uova biologiche di galline ruspanti. Ovviamente è consigliata anche l'assunzione di uova di altre specie avicole, come per esempio quelle della quaglia che risultano anche molto scenografiche e rendono raffinato ogni piatto.

YOGURT GRECO

Sembra che lo yogurt risalga al Neolitico e sia nato in Asia Centrale per poi essere importato nei Balcani.

In seguito alle migrazioni e agli scambi culturali, si è diffuso con rapidità sia in Occidente sia in Oriente. Si hanno notizie storiche sul consumo di yogurt da parte dei fenici, dei greci, degli egizi e dei romani e, contemporaneamente, ha avuto successo fra gli arabi – è menzionato anche nelle *Mille e una notte* – e in India, dove il lassi è una delle principali bevande consumate. In Persia è comune come bevanda a base di yogurt il *dough*, mentre in Turchia l'*ayran*.

Tutti i tipi di yogurt sono salutari per l'organismo, ma quello greco, essendo più concentrato, è davvero un superfood.

Le caratteristiche, non solo organolettiche, dello yogurt greco dipendono dal processo di preparazione che prevede, oltre alla filtrazione, anche una fermentazione più prolungata.

Questo procedimento rende il prodotto finale molto più cremoso e denso dello yogurt tradizionale.

Lo yogurt greco è semplicemente yogurt colato, ovvero è stato filtrato ripetutamente per rimuovere l'eccesso di liquido. A differenza dello yogurt normale che prevede solo due filtraggi, per quello greco ne viene aggiunto un terzo, che si distingue per essere eseguito con percolazione molto lenta.

Attraverso questo processo, lo yogurt greco risulta non solo più corposo di quello normale, ma anche ricchissimo di proteine e probiotici. I batteri vanno a far parte del prezioso microbiota intestinale e aiutano a migliorare la digestione e rafforzare le difese immunitarie.

Inoltre, eliminando il latte, si ha anche un esiguo rapporto di lattosio che lo rende adatto agli intolleranti.

Lo yogurt greco ha un prospetto nutrizionale migliore dello yogurt classico, ha un maggior concentrato di proteine e un minor tenore di zuccheri e carboidrati, è ricco di oligoelementi come il calcio, il fosforo e il ferro, e presenta esigue quantità di sodio, perché viene eliminato anch'esso durante l'accurata filtrazione.

Questo prodotto fermentato, apporta un considerevole arricchimento del patrimonio vitaminico, in special modo le vitamine del gruppo B come la B1, B2 e B3.

Ma sono i fermenti lattici probiotici a renderlo salutare e appetitoso.

La fermentazione è dovuta all'attività della flora batterica sul latte. Il bulgaro Grigorov isolò uno dei batteri responsabili della fermentazione del latte che battezzò *Lactobacillus bulgaricus*, mentre il microbiologo russo Mečnikov studiò questo microrganismo in laboratorio e isolò anche lo *Streptococcus thermophilus*. Questi batteri, agendo da proto simbionti, sono i responsabili del processo di scissione del lattosio in galattosio e glucosio. A questi sono stati aggiunti per uso industriale anche il *Lactobacillus bifidus* e il *Lactobacillus casei Shirota*, isolato nel 1930.

Un consumo regolare di yogurt aiuta a disintossicare il fegato, favorisce lo sviluppo dei muscoli e migliora l'aspetto dell'incarnato. I microrganismi vivi presenti, oltre a incidere positivamente sulla digestione, stimolano il sistema immunitario e, aderendo alle mucose del tratto intestinale, formano una barriera che, per competizione, contrasta l'azione di eventuali microbi patogeni.

L'elevata acidità di questo alimento favorisce lo sviluppo di una flora batterica intestinale in grado di ostacolare con successo, grazie alla produzione di batteriocine, i fenomeni putrefattivi presenti all'interno dell'intestino umano. I batteri lattici, integrandosi con la flora batterica – e fungendo da commensali – costituiscono il mezzo più naturale per mantenere o ripristinare le funzioni biologiche intestinali, bilanciando il microbioma umano, per aumentare le difese dell'organismo contro i processi infettivi.

Lo yogurt greco è un alimento molto versatile che si presta a essere consumato da solo, oppure per preparazioni dolciarie, ma è anche un prezioso ingrediente per ricette etniche che prevedono salse a base di yogurt, come lo tzatziki, o per marinature.

ZENZERO

Lo zenzero (*Zingiber officinale Roscoe*) è, come la curcuma, una pianta erbacea appartenente alla famiglia delle Zingiberacee ed è originario dell'Estremo Oriente.

La parte radicale è costituita da un carnoso rizoma edule ramificato che contiene principi attivi come l'olio essenziale, composto da zingiberene, gingeroli e shogaoli, responsabili del sapore pungente, resine e mucillagini.

Il nome di questa spezia sembra abbia origine dalla lingua, ormai estinta, parlata durante la dinastia Pala, che usava il termine *singivera*, a sua volta derivato dal sanscrito *shringavera*.

La spezia arrivò nel Mediterraneo grazie ai reduci delle campagne asiatiche di Alessandro Magno, poi ciascun popolo adattò il nome originario secondo il proprio idioma, giustificando in tal modo la varietà terminologica che contraddistingue questa pianta in base ai Paesi.

Il fatto che la propagazione dello zenzero avvenga per divisione del rizoma e non per seme dimostra quanto sia antico l'intervento umano sulla pianta.

Questa spezia è un ottimo eupeptico e antiemetico, ha proprietà antiossidanti, detossinanti, stimolanti ed è efficace contro la cefalea e le nausee. Il suo effetto protettivo è stato riscontrato nella cura delle gastriti, perché le proprietà antinfiammatorie – sfruttate anche nella preparazione di colliri decongestionanti – agiscono alleviando i sintomi dell'infiammazione della mucosa gastrica. Possiede inoltre doti carminative e spasmodiche.

La medicina araba attribuisce a questa stimolante spezia un potere afrodisiaco e alcune popolazioni africane mangiano zenzero come repellente per insetti ematofagi.

Oltre a una forte caratteristica antiossidante, lo zenzero

svolge anche un'azione revulsiva, che viene sfruttata per creare cataplasmi contro i reumatismi, il mal di denti e il raffreddore.

L'impiego più comune di questa spezia dal gusto caratteristico è in cucina, in quanto, come la curcuma, è un ingrediente indispensabile per il curry; tutta la cucina asiatica ne fa abbondante uso, sebbene la sua diffusione si riscontri anche in Europa, dove regala l'evocativo sapore natalizio ai biscotti di pan di zenzero. Nelle ricette lo zenzero arricchisce moltissimi piatti dolci e salati ed è ottimo con il pesce.

LE RICETTE
CON I SUPERFOOD

ANTIPASTI

ACCIUGHE CROCCANTI

- *12* ***acciughe*** *fresche e pulite*
- *2 tazze di farina di mais*
- *2* ***uova***
- *olio per friggere*
- *1 limone*
- *sale*

Lavate le acciughe, eliminando la testa e altre impurità, apritele a libro e asciugatele accuratamente con carta assorbente.

Sbattete con la frusta le uova intere in una scodella con un pizzico di sale.

Passate ogni acciuga prima nell'uovo sbattuto, poi nella farina di mais che avrete steso su una spianatoia.

Ripetete l'operazione fino a esaurimento degli ingredienti.

Portate l'olio a temperatura in una padella con i bordi alti e friggete le acciughe, immergendole una alla volta. Quando risultano dorate, raccoglietele con la schiumarola e posatele sulla carta assorbente per eliminare l'unto in eccesso.

Servitele caldissime in un cartoccio di carta gialla con una fetta di limone.

ALICI MARINATE ALLO ZENZERO E AGRUMI

- *400 g di filetti di* ***alici*** *freschissime e già pulite*
- *2 bicchieri d'****olio EVO*** *di ottima qualità*
- *succo di 1 limone*
- *succo di 1 arancia*
- *scorza di 1 arancia*
- *2 cm di* ***zenzero*** *fresco*
- *1 scalogno*

- *pepe rosa*
- ***bacche di goji***
- *prezzemolo fresco*
- *sale*

Passate sotto l'acqua fredda i filetti di alici per eliminare le eventuali spine rimaste e disponete con garbo uno strato di filetti direttamente in un recipiente di porcellana da portata.

Tagliate lo scalogno a rondelle finissime, aggiungetelo alle alici e irrorate con il succo di agrumi e un pizzico di sale.

Tagliate lo zenzero a lamelle fini, grattugiate la scorza d'arancia in filamenti e completate il primo strato di alici irrorando con un bicchiere d'olio e qualche bacca di pepe rosa.

Fate un altro strato identico, abbondando con lo zenzero, e coprite con il restante olio e qualche foglia di prezzemolo tritato.

Lasciate marinare le alici almeno per una notte.

Togliete le alici marinate dal frigorifero un'ora prima di portarle a tavola, ravvivandole con foglie di prezzemolo fresco e bacche di goji.

AMUSE BOUCHE ALLE CIME DI RAPA, SEMI DI PAPAVERO E NOCI

- *1 ciuffo di* ***cime di rapa***
- *1 cucchiaio d'****olio EVO***
- *½ spicchio d'aglio*
- *qualche goccia di succo di limone*
- *1 caprino fresco*
- *8 gherigli di* ***noce***
- ***semi di papavero***

- *sale*
- *pepe*

Saltate appena in una padella le cime di rapa con l'olio, l'aglio, il sale e il pepe.

Spruzzateci il limone e trituratele grossolanamente.

Mescolatele in una ciotola con il caprino e fate raffreddare in frigorifero.

Tostate le noci.

Fate delle palline con il composto di caprino delle dimensioni di un boccone, rotolatele nei semi di papavero e guarnite ogni amuse bouche con un gheriglio di noce.

BABAGANOUSH ALLO ZENZERO E SEMINI

- *2 melanzane lunghe*
- *1 cucchiaino raso di **zenzero** grattugiato*
- *qualche foglia di menta fresca*
- *1 cucchiaino di **tahini***
- *1 cucchiaio d'**olio EVO***
- *½ spicchio d'aglio*
- *qualche goccia di succo di limone*
- *1 manciata di **semi vari***
- *sale*
- *pepe*

Preriscaldate il forno a 180 °C.

Lavate le melanzane e tagliatele a metà per la lunghezza bucherellando la buccia con una forchetta.

Cuocete le melanzane e lasciatele raffreddare.

Sbucciatele levando la polpa con un cucchiaio.

Mettete la polpa delle melanzane in un frullatore aggiungendo qualche goccia di succo di limone, l'aglio, lo zenzero grattugiato, la tahini, l'olio, quattro foglioline di menta, il sale e il pepe.

Frullate fino a ottenere un composto omogeneo e versate in una ciotolina guarnendo con le foglie di menta avanzate e una spolverata di semini.

Gustate la salsa con pane arabo caldo.

BOCCONCINI DI QUINOA, BROCCOLI E MANDORLE

- *150 g di* ***quinoa***
- *100 g di* ***broccoli***
- *1* ***uovo***
- *1 cucchiaino di* ***zenzero*** *grattugiato*
- *1 peperoncino fresco a pezzetti*
- *2 cucchiai di parmigiano*
- *noce moscata*
- *1 manciata di lamelle di* ***mandorle***
- *aglio*
- ***olio EVO***
- *sale*

Sciacquate la quinoa per rimuovere le saponine, lessatela e scolatela.

Saltate le cime di broccolo con l'aglio, l'olio e lo zenzero, aggiungete il peperoncino e il sale e schiacciatele con la forchetta.

Unite in una ciotola la quinoa, i broccoli saltati, il parmigiano, la noce moscata, l'uovo, e mescolate bene.

Preriscaldate il forno a 180 °C.

Riempite dei pirottini piccoli con l'impasto, schiacciando la superficie, ricopriteli di lamelle di mandorle e cuocete in forno fino a doratura.

BRIK CON ACCIUGHE E MOZZARELLA

- *1 rotolo di pasta brik*
- *12* ***acciughe***
- *2 mozzarelle fiordilatte*
- ***semi di sesamo*** *e* ***papavero***

Preriscaldate il forno a 180 °C.

Srotolate la pasta brik e ricavatene dodici quadrati.

Riempite ogni quadrato con un pezzettino di mozzarella e un'acciuga, richiudeteli a triangolo pressando con le dita bagnate per sigillare i bordi e disponeteli in una pirofila sulla carta forno.

Laccateli in superficie con latte o albume, cospargeteli di semi e cuocete in forno fino a doratura.

BRUSCHETTE CON ALGA ARAME E ZENZERO

- *50 g di* ***arame***
- *1 cucchiaio d'****olio EVO***
- *1 spicchio d'aglio*
- *8 pomodorini*
- *1 cucchiaino di* ***zenzero*** *grattugiato*
- *4 fette di pane abbrustolito*

Mettete le alghe a mollo in acqua per 10 minuti, sciacquate bene e versate in un pentolino sul fuoco con l'olio EVO e lo spicchio d'aglio. Appena si sono leggermente scaldate, aggiungete i pomodorini a cubetti e lo zenzero grattugiato.

Abbrustolite il pane e bagnate la superficie con il sughetto preparato.

BRUSCHETTE DI KALE E ANACARDI

- *200 g di **kale***
- *1 cucchiaio d'**olio EVO***
- *1 spicchio d'aglio*
- *1 **acciuga** sottolio*
- *1 cucchiaino di **zenzero** grattugiato*
- *1 manciata di **anacardi** al naturale*
- *4 fette di pane abbrustolito*

Soffriggete in una padella con l'olio lo zenzero, l'aglio e l'acciuga. Aggiungete il kale e saltate appena. Aggiungete gli anacardi e mescolate. Abbrustolite il pane e disponete sopra il composto.

CEVICHE DI PESCE AZZURRO CON LIME, ZENZERO E PAPAYA

- *300 g di **pesce azzurro** freschissimo precedentemente abbattuto*
- *1 falda di peperone rosso*
- *½ finocchio*
- *1 **papaya** matura*
- *2 cm di **zenzero***
- *2 cucchiai di succo di lime*
- *1 cucchiaio di succo di arancia*
- *1 cucchiaio d'**olio EVO***
- *1 peperoncino fresco*
- *fleur de sel*
- *foglie di menta*

Sfilettate il pesce azzurro e privatelo della pelle.

Mettete i filetti in una ciotola di vetro, versatevi un cucchiaio d'olio e mescolate.

Aggiungete il succo di lime, il peperoncino fresco tagliato a rondelle, il succo di arancia, lo zenzero tagliato a lamelle sottilissime, il finocchio fatto a striscioline, il peperone e la papaya ridotti a cubetti.

Poi aggiungete il fleur de sel e lasciate marinare in frigorifero per 30 minuti.

Servite in coppe di vetro guarnendo la ceviche con foglie di menta.

CEVICHE DI SALMONE CON MANGO, GOJI, RIBES E ZENZERO

- *300 g di **salmone** freschissimo precedentemente abbattuto*
- *1 falda di peperone rosso*
- *1 mango maturo*
- *2 cm di **zenzero***
- *2 cucchiai di succo di lime*
- *1 cucchiaio di succo di arancia*
- *1 cucchiaio d'**olio EVO***
- *1 peperoncino fresco*
- ***bacche di goji***
- ***bacche di ribes***
- *fleur de sel*
- *foglie di menta*

Tagliate il salmone a cubetti piccoli. Mettete i cubetti in una ciotola di vetro, versatevi un cucchiaio d'olio e mescolate.

Aggiungete il succo di lime, il succo di arancia, lo zenzero tagliato a lamelle sottilissime, il peperoncino a fettine, il peperone e il mango ridotti a cubetti.

Poi aggiungete il fleur de sel e lasciate marinare in frigorifero per 30 minuti.

Servite in coppe di vetro guarnendo la ceviche con foglie di menta, ribes e bacche di goji.

CROSTONE DI CAVOLO NERO E ACCIUGHE

- *4 fette di pane abbrustolito*
- *2 cespi di **cavolo nero***
- *3 **acciughe** sottolio*
- *½ spicchio d'aglio*
- *2 cucchiai d'**olio EVO***
- *1 peperoncino fresco*
- *sale*
- *pepe*

In una padella fate rosolare in olio caldo uno spicchio d'aglio vestito, abbassate il fuoco, aggiungete le acciughe e mescolate fino a formare una salsina.

Unite il cavolo precedentemente privato della costola e tagliato a striscioline, fatelo saltare a fuoco alto aggiungendoci il peperoncino. Aggiustate di sale e pepe.

Abbrustolite le fette di pane e copritele con la verdura calda e un filo d'olio a crudo.

CROSTONE DI CAVOLO NERO E FAGIOLI

- *4 fette di pane abbrustolito*
- *2 cespi di **cavolo nero***
- *200 g di **fagioli cannellini** lessati*
- *1 ½ spicchio d'aglio*
- *2 cucchiai d'**olio EVO***
- *1 rametto di rosmarino*

- *sale*
- *pepe*

In una padella fate rosolare in olio caldo uno spicchio d'aglio vestito, abbassate il fuoco, aggiungete il cavolo privato della costola e appassitelo.

Scaldate a fuoco dolce in un pentolino i fagioli con aglio e rosmarino.

Aggiustate di sale e pepe.

Abbrustolite le fette di pane e copritele con la verdura calda e un filo d'olio a crudo.

CUPOLETTE DI AMARANTO E NOCI CON CIME DI RAPA E BACCHE DI GOJI

- *150 g di* ***amaranto***
- *2 bicchieri di brodo vegetale*
- *2 cucchiai d'****olio EVO***
- *1 spicchio d'aglio schiacciato*
- *60 g di* ***noci*** *tritate grossolanamente*
- *50 g di* ***cime di rapa*** *tritate*
- *qualche* ***bacca di goji***
- *peperoncino*
- *germogli di* ***semi di lino*** *per decorare*
- *sale*

In una pentola coperta bollite l'amaranto, precedentemente sciacquato, nel brodo fino ad assorbimento, aggiungete acqua se non è ancora pronto, poi fate riposare.

Scaldate l'olio in una padella, aggiungete l'aglio e le noci e, appena prendono colore, saltateci le cime di rapa aggiungendo sale e peperoncino.

Trasferite le verdure nella pentola dell'amaranto e mescolate bene.

In piatti singoli da portata formate delle cupolette aiutandovi con la parte convessa di un romaiolino per dare la forma.

Guarnite con bacche di goji e germogli di semi di lino.

FICHI CON YOGURT, NOCI E MIELE DI MANUKA

- *8 fichi verdi grandi*
- *200 g di **yogurt greco***
- *3 cucchiai di **miele di manuka***
- *1 manciata di gherigli di **noce***
- *sale*
- *pepe*

Lavate bene i fichi e tagliateli in orizzontale ottenendo così tre fette che andranno a comporre due strati.

In una ciotola, mescolate lo yogurt, il sale e il pepe con l'aiuto di un cucchiaio.

Componete gli strati alternando a una fetta di fico lo yogurt.

Colateci sopra il miele e spolverizzate con le noci tritate grossolanamente.

FORMAGGIO RAW DI ANACARDI CON MIELE DI MANUKA E FRUTTI ROSSI

- *90 g di **anacardi** crudi*
- *1 cucchiaio di lievito alimentare inattivo*
- *1 cucchiaino di succo di limone*
- *1 pizzico di **gomasio***

- *50 ml d'acqua*
- *1 manciata di **frutti rossi***
- *1 cucchiaio di **miele di manuka***

Frullate gli anacardi con il succo di limone, l'acqua, il gomasio e il lievito.

Quando si sarà formata una pasta densa, conservatela in frigorifero nello stampino che preferite. Servite il formaggio con il miele di manuka e i frutti rossi freschi.

FOUL MEDAMMES CON POLVERE DI MORINGA

- *300 g di **fave** secche*
- *2 cucchiaini di **tahini***
- *2 spicchi d'aglio*
- *succo di limone*
- *1 pizzico di cumino*
- *1 pizzico di peperoncino*
- *1 cucchiaino di polvere di **moringa***
- *3 cucchiai d'**olio EVO***
- *sale*
- *prezzemolo*

Coprite le fave con acqua fredda, unite un cucchiaino di bicarbonato, mescolate e lasciate a mollo per una notte. Poi scolatele e mettetele in un tegame, aggiungete acqua sufficiente a coprirle, fate sobbollire fino a intenerirle e salatele.

Mescolate la tahini con l'aglio pestato, il cumino e il succo di limone.

Aggiungete un po' di peperoncino, l'olio e guarnite con una spolverata di moringa.

GAMBERI, AVOCADO E MAIONESE DI MISO

- *1 tuorlo d'**uovo** a temperatura ambiente*
- *olio di semi di girasole*
- *1 limone*
- *1 goccio di aceto bianco*
- *1 cucchiaino di **miso***
- *2 **avocado***
- *300 g di gamberi*

Cuocete i gamberi a vapore.

Spremete un limone e affettate l'avocado.

Posizionate in un piatto da portata i gamberi e le fette di avocado, alternandoli, irrorate con il succo di limone.

Emulsionate le uova con il limone, l'aceto, l'olio a filo e il miso.

Versate la maionese sul composto e servite.

GIRELLE DI SFOGLIA ALLE CIME DI RAPA E ACCIUGHE

- *1 rotolo di pasta sfoglia*
- *1 ciuffo di **cime di rapa***
- *5 **acciughe** sottolio*
- *1 peperoncino fresco*
- *1 cucchiaino d'**olio EVO***
- *1 **uovo***
- *sale*
- *pepe*

Scottate in olio le cime di rapa con il peperoncino e le acciughe sottolio e aggiungete sale e pepe.

Stendete la pasta sfoglia su un foglio di carta da forno. Su tutta la superficie della sfoglia adagiate le cime di rapa saltate con l'acciuga.

Arrotolate la pasta sfoglia e spennellatela con l'uovo.

Tagliate le girelle e disponetele ben distanziate fra loro sopra una teglia ricoperta con carta da forno.

Cuocete le girelle in forno preriscaldato a 180 °C fino a doratura e servitele calde.

GUACAMOLE ALLA SPIRULINA

- *1* ***avocado*** *maturo*
- *1 pomodoro medio*
- *1 cipollina fresca*
- *succo di lime*
- *1 pizzico di sale himalayano*
- *1 peperoncino fresco*
- *1 cucchiaino d'****olio EVO***
- *1 cucchiaino di* ***zenzero*** *fresco tritato*
- *1 ciuffetto di coriandolo*
- *2 cucchiaini di* ***spirulina***

Tagliate la cipollina a piccoli quadretti e il peperoncino a fette, riducete a cubetti il pomodoro.

In una ciotola, schiacciate grossolanamente con una forchetta l'avocado maturo, aggiungete subito il succo di lime e il sale himalayano, poi la spirulina e lo zenzero.

Quando la crema risulterà morbida, aggiungete la cipolla, il pomodoro e il peperoncino, irrorate con olio e servite.

GUAZZETTO DI VERZA E PORCINI CON MIRTILLI E CIALDE DI PARMIGIANO

- *200 g di porcini freschi*
- *50 g di **verza***
- *2 bicchieri di brodo di carne*
- *1 cipolla bianca*
- *1 spicchio d'aglio*
- *1 rametto di nepitella*
- *½ bicchiere di vino bianco*
- *1 manciata di **mirtilli***
- *2 cucchiai d'**olio EVO***
- *4 cucchiai di parmigiano grattugiato*
- *sale*
- *pepe*

Tagliate finemente la cipolla e appassitela in un tegame con un filo d'olio. Sfumate con il vino e aggiungete il brodo.

Frullate il tutto.

A parte rosolate lo spicchio d'aglio senza fargli prendere colore. Aggiungete i funghi e la verza puliti e tagliati a fettine non troppo sottili, aggiustate di sale e pepe e cuocete con un coperchio a fiamma bassa.

Qualche minuto prima di finire la cottura aggiungete la nepitella.

Grattate il parmigiano e ricavatene delle cialde in una padella calda unta.

Versate il guazzetto in coccetti individuali, poi mettete al centro la verza e i funghi e qualche mirtillo crudo.

Servite con le cialde di parmigiano.

HUMMUS CON CURCUMA, MORINGA E LIME

- *400 g di **ceci** lessati*
- *1 cucchiaino di polvere di **moringa***
- *1 cucchiaino di **curcuma***
- *1 cucchiaino di **tahini***
- *qualche seme di cumino*
- *succo di lime*
- *½ spicchio d'aglio*
- *qualche foglia di menta*
- *1 pizzico di sale*
- *2 cucchiai d'**olio EVO***
- *pepe nero macinato*

Lessate i ceci ammollati o procuratevi dei ceci già pronti.

In una ciotola capiente, versate i ceci lessi, il succo appena spremuto di un lime, la pasta di sesamo tahini che trovate nelle erboristerie e nei negozi etnici, la curcuma, la moringa, lo spicchio d'aglio privato dell'anima e schiacciato con il coltello, qualche foglia di menta, il cumino, il pepe e il sale.

Aggiungete un cucchiaio d'olio e frullate fino a ottenere una crema vellutata e omogenea; se è troppo densa, stemperatela con un cucchiaio d'acqua tiepida.

Servite l'hummus in una ciotola e versate sulla superficie l'altro cucchiaio d'olio. Va degustato intingendoci pane arabo.

INTINGOLO DI FAVE FRESCHE, YOGURT GRECO E MIELE DI MANUKA

- *100 g di **fave** fresche*
- *250 g di **yogurt greco***
- *1 cucchiaio di **miele di manuka***

- *2 cucchiaini d'**olio EVO***
- *granella di **noci***
- *grissini al **sesamo***
- *pepe*
- *sale*

Sbucciate le fave e riducetele a dadini.

In una ciotolina da portata, mescolate le fave con lo yogurt greco, l'olio, il sale e il pepe e versateci a spirale il miele.

Servite con una spolverata di granella di noci e intingete i grissini al sesamo nella salsa.

MAIONESE CON CHLORELLA E BROCCOLI

- *1 pugno di cimette di **broccoli** tenere*
- *2 tuorli d'**uovo***
- *500 ml d'**olio EVO***
- *1 cucchiaino di senape di Digione*
- *50 ml di aceto di vino bianco*
- *1 cucchiaino di **chlorella** in polvere*
- *1 cucchiaio di **bacche di goji***
- *sale*

In un frullatore versate i tuorli d'uovo, la senape di Digione, l'aceto di vino bianco, il sale e amalgamate tutti gli ingredienti. Aggiungete lentamente 100 ml d'olio e la chlorella.

Poi, con il frullatore ancora in esecuzione, terminate di aggiungere a filo l'olio fino a ottenere una salsa densa che metterete in una ciotola e guarnirete con le bacche di goji.

Lavate le cime di broccolo e gustatele crude intingendole nell'emulsione.

MINI CHEESECAKE ALLA SPIRULINA CON OLIVE, ACCIUGHE, ZENZERO E CURCUMA

- *100 g di fette biscottate integrali*
- *50 g di burro*
- *300 g di **yogurt greco***
- *1 cucchiaino di **zenzero** fresco*
- *1 cucchiaino di **curcuma***
- *1 cucchiaino di **spirulina***
- *4 **acciughe** sottolio*
- *1 manciata di capperi*
- *6 **olive** verdi*
- *pepe*

Frullate le fette biscottate con il burro, la curcuma e lo zenzero.

In una ciotola mescolate lo yogurt con la spirulina.

Aggiungete un battuto di acciughe, capperi e olive, e mescolate.

Schiacciate le fette biscottate sul fondo di un coppapasta per formare una base e versateci sopra la crema salata guarnendola con un'oliva.

Fate freddare e servite.

MOUSSE DI SALMONE SELVAGGIO AFFUMICATO ALLO ZENZERO E FRUTTI ROSSI

- *150 g di **salmone selvaggio** affumicato*
- ***zenzero** fresco grattugiato*
- *½ cucchiaino di succo di lime*
- *1 fetta sottilissima di pane*
- *125 g di **yogurt greco***

- *1 cucchiaino di granella di* ***mandorle*** *e* ***frutti rossi*** *per guarnire*
- ***olio EVO***
- *qualche foglia di shiso*
- *sale*
- *pepe*

In un frullatore, mescolate le fette di salmone affumicato ridotte a straccetti, lo yogurt, il succo di lime e lo zenzero, fino a creare una mousse spumosa. Aggiustate di sale e pepe.

Mettete la mousse in frigorifero e tostate in un padellino la granella di mandorle.

Abbrustolite la fetta di pane tagliata sottilissima, privata della crosta e divisa in listelli larghi un centimetro.

Irrorate il pane con qualche goccia d'olio.

Servite la mousse in bicchierini monoporzione ricoprendoli con la granella di mandorle, e guarnite con foglie di shiso, i frutti rossi e il pane abbrustolito.

MUFFIN AL CAVOLO NERO, CURCUMA E ZENZERO

- *100 g di* ***cavolo nero***
- *2 pomodorini ciliegini*
- *100 ml di latte intero*
- *3* ***uova***
- *150 g di farina*
- *1 bustina di lievito per torte salate*
- *1 cucchiaino di* ***zenzero*** *grattugiato*
- *2 cucchiaini di* ***curcuma***
- *2 cucchiai di parmigiano grattugiato*
- *2 cucchiai d'****olio EVO***
- *sale*
- *pepe*

Mondate il cavolo nero dalle fibre più robuste e riducetelo con le mani in pezzetti grossolani, fateli rosolare a fuoco vivo in una padella con un po' d'olio e aggiungete lo zenzero grattugiato e i pomodorini tagliati a dadini.

Fate freddare il composto a temperatura ambiente.

Preriscaldate il forno a 180 °C.

In una ciotola versate le uova intere e sbattetele aggiungendo il latte a filo.

Sempre mescolando con la frusta per non formare grumi, aggiungete la farina e la curcuma, il lievito, il parmigiano, il sale e il pepe. Quando il composto sarà omogeneo, versate il cavolo allo zenzero e mescolate.

Trasferite il tutto in una sac à poche e versate il composto in una teglia da muffin precedentemente unta.

Il composto deve riempire circa due terzi di ogni pirottino.

Infornate per 30 minuti circa o fino a quando i muffin non saranno gonfi e dorati in superficie.

Serviteli caldi o tiepidi.

NIDI DI UOVA DI QUAGLIA CON MAIONESE AL LAMPONE

- *300 g di agretti*
- *8 **uova di quaglia***
- *4 **acciughe***
- *qualche cappero*
- *2 **uova***
- *2 dl d'olio di semi*
- *qualche goccia di aceto di mele*
- *succo di 1 limone*

- *50 g di* ***lamponi***
- *sale*
- *pepe*

Lasciate appassire in un pentolino antiaderente i lamponi con il succo di limone. Poi setacciateli per eliminare i semi.

Versate nel bicchiere del frullatore a immersione le uova, l'olio, un cucchiaio di succo di limone, il sale e l'aceto di mele. Azionate il frullatore tenendo le lame sul fondo; quando il composto inizia a montare, muovetelo a stantuffo in modo da far incorporare aria all'interno dell'emulsione.

Unite il sugo di lamponi alla maionese. Frullate ancora per qualche secondo, poi coprite con la pellicola il contenitore e lasciate riposare in frigorifero.

Assodate le uova di quaglia, portando a bollore l'acqua in un pentolino e immergendo delicatamente le uova con il guscio. Preparate una ciotola con acqua e ghiaccio per poi sbucciarle più facilmente. Dopo 2 minuti di cottura, sbucciatele nell'acqua fredda.

Pulite e cuocete gli agretti lasciandoli interi.

Adagiate nel piatto da portata gli agretti a forma di nido e spruzzateci del limone, salate e pepate. Arrangiate dentro il nido le uova, cospargete con un trito grossolano di capperi e acciughe sottolio e schizzateci la maionese ai lamponi.

PAKORA DI CAVOLFIORE CON RAITA ALLA MORINGA

- *200 g di farina di* ***ceci***
- *1 pizzico di bicarbonato*
- *2 cucchiai d'acqua*
- *300 g di* ***cavolfiore***

- *1 cucchiaino di **zenzero** tritato*
- *1 cucchiaio di **curcuma***
- *1 cucchiaio di cumino*
- *1 mazzetto di coriandolo fresco*
- *1 peperoncino fresco*
- *olio di semi di **sesamo***
- *olio per friggere*
- *sale*

Per la salsa:

- *200 g di **yogurt***
- *menta fresca*
- *1 cucchiaino di polvere di **moringa***
- *sale*
- *pepe*

Setacciate la farina di ceci in una ciotola, unite il bicarbonato e un pochino d'acqua, fino a ottenere una pastella omogenea.

Stufate il cavolfiore tagliato a fioretti in una padella con l'olio, il sale, il peperoncino e un po' d'acqua. A metà cottura aggiungete il coriandolo tritato e tutte le spezie, compresa la moringa, e mescolate. Unite la verdura speziata alla pastella e friggetela delicatamente, una cucchiaiata per volta, in una padella alta con l'olio bollente, fino a doratura.

Scolate i pakora e serviteli con la raita, una salsa liquida fatta di yogurt, menta fresca, moringa, sale e pepe.

PALLINE DI CHIA, CECI E CIME DI RAPA IN CROSTA DI SESAMO

- *250 g di **cime di rapa***
- *250 g di **ceci** cotti*

- *1* ***uovo***
- *4 cucchiaini di* ***semi di chia***
- *4 cucchiai di* ***semi di sesamo***
- *2 cucchiai d'****olio EVO***
- *sale*
- *pepe*

Sbollentate le cime di rapa.

Scolate bene i ceci e le cime di rapa.

Frullate ceci, cime di rapa e semi di chia con sale e pepe e aggiungete un uovo.

Impastate per bene e formate delle palline di media grandezza e rotolatele nel sesamo.

In una padella antiaderente versate due cucchiai d'olio e cuocete le palline fino a doratura.

PANINI DI SPIRULINA CON YOGURT GRECO E SALMONE AFFUMICATO

- *200 g di* ***salmone*** *affumicato*
- *100 g di* ***yogurt greco***
- *90 ml d'acqua*
- *1 pizzico di zucchero*
- *2 cucchiaini di sale*
- *260 g di farina*
- *12 g di lievito di birra*
- *4 cucchiaini di* ***spirulina*** *in polvere*
- *1 cucchiaino di* ***semi di sesamo***

Versate l'acqua tiepida in un bicchiere. Scioglietevi il lievito sbriciolato e aggiungete lo zucchero.

In una ciotola versate la farina e aggiungete il sale. Rimesco-

ACCIUGHE CROCCANTI

GUACAMOLE ALLA SPIRULINA

MUFFIN AL CAVOLO NERO, CURCUMA E ZENZERO

RAVIOLI CINESI VEGANI ALLA GRIGLIA

TAMAGOYAKI CON NORI

RISOTTO AI MIRTILLI

RISOTTO ALLE MELAGRANE

BORSCHT

DUNT-DALUN CHIN-YEI

HARIRA BERBERA

MISOSHIRU

RIBOLLITA

SAMBAR DI MORINGA

FALAFEL DI FAVE AL FORNO

INSALATA DI PAPAYA, KALE E GAMBERONI

KHACHAPURI ARMENO

late unendo il lievito sciolto. Alla fine incorporate la spirulina e mescolate ancora fino a ottenere un impasto omogeneo.

Versate il composto sul piano da lavoro e impastate con le mani fino a ottenere un panetto liscio. Rimettete l'impasto nella ciotola e coprite con un canovaccio di cotone. Lasciate lievitare per circa 2 ore. Quando l'impasto raddoppierà il suo volume, mettetelo sul piano da lavoro, dividetelo in porzioni di circa trenta-quaranta grammi e create delle palline. Fate lievitare ancora un'ora i panini in una teglia con carta da forno, e cospargeteli di semi di sesamo.

Preriscaldate il forno a 180 °C e cuocete i panini per 30 minuti.

Lasciateli raffreddare e tagliateli a metà. Farciteli con una spalmata di yogurt greco e pezzettini di salmone.

PÂTÉ DI LENTICCHIE PICCANTI E MORINGA

- *300 g di **lenticchie** lessate*
- *1 peperoncino fresco*
- *1 pezzetto di sedano*
- *½ carota*
- *½ cipolla rossa*
- *1 rametto di rosmarino*
- *2 cucchiaini di **moringa***
- *2 cucchiai d'**olio EVO***
- *sale*
- *pepe*

Fate una mirepoix di sedano, cipolla e carota e soffriggetela con un po' d'olio in un pentolino.

Aggiungete le lenticchie e il rosmarino, il sale e il pepe e fate insaporire il tutto, mescolando a fiamma dolce.

Aggiungete il peperoncino fresco e la moringa e frullate il tutto fino a ottenere una crema densa.

Servite con olio a crudo e una generosa spolverata di pepe su crostoni abbrustoliti.

PLUMCAKE ALLA CHLORELLA, BROCCOLI ROMANI, MANDORLE E ZENZERO

- *2 **uova***
- *300 g di farina*
- *100 g d'olio di semi di girasole*
- *100 ml di latte*
- *1 bustina di lievito*
- *1 cucchiaio di **chlorella***
- *3 cucchiai di parmigiano grattugiato*
- *100 g di cimette di **broccolo romano***
- *1 manciata di **mandorle***
- *1 cucchiaino di **zenzero** fresco*
- *1 pizzico di noce moscata*
- *sale*
- *pepe*

Saltate il broccolo in un filo d'olio con lo zenzero, le mandorle e un po' di sale e pepe.

Mescolate in una ciotola la farina, il parmigiano, il lievito e la chlorella.

Sbattete le uova intere in un altro recipiente, aggiungendo sale, pepe e noce moscata.

Versate il latte e poi l'olio a filo. Aggiungetevi i broccoli spezzettati e mescolate.

Poi versate il composto nella ciotola della farina e amalgamate il tutto.

Foderate con carta da forno uno stampo da plumcake e cuocete a 180 °C in forno già caldo per 35 minuti circa.

Servite tiepido a fette spesse.

POLPETTINE DI AMARANTO ALLA CURCUMA E BROCCOLI

- *300 g di **amaranto***
- *1 cucchiaio di **curcuma***
- *1 **uovo***
- *1 spicchio d'aglio*
- *100 g di **broccoli***
- *1 cucchiaio di pecorino grattugiato*
- *4 cucchiai di farina di mais*
- *1 cucchiaio d'**olio EVO***
- *1 cucchiaio di **semi di zucca***
- *peperoncino*
- *olio per friggere*
- *sale*
- *pepe*

Dopo averlo sciacquato, lessate l'amaranto in acqua salata e fatelo raffreddare.

Cuocete i broccoli a vapore e ripassateli in padella con aglio e olio.

In una ciotola sbattete l'uovo, aggiungete il pecorino, i semi di zucca decorticati, il sale, il pepe, il peperoncino e i broccoli tagliati al coltello.

Aggiungete la curcuma e l'amaranto scolato bene e amalgamate.

Su una spianatoia versate la farina di mais, fate delle palline con l'impasto preparato e rotolatele nella farina.

Portate l'olio a temperatura, friggete e con una schiumarola adagiate le polpettine dorate su carta assorbente prima di servirle.

QUADRETTI DI FRITTATA ALLO ZENZERO

- *6 **uova** grandi*
- *1 cucchiaio di **yogurt greco***
- *1 cucchiaino di farina*
- *1 cucchiaio di **semi di zucca***
- *3 cm di **zenzero** fresco tagliato a listarelle*
- *1 cucchiaio di **semi di girasole***
- *2 cucchiai d'**olio EVO***
- *1 pizzico di noce moscata*
- *finocchietto*
- *sale*
- *pepe*

Sbucciate la radice di zenzero con un cucchiaino e tagliatela a fiammifero. Fatela rosolare in un filo d'olio con un po' di sale, poi mettetela da parte a raffreddare.

In una ciotola sbattete velocemente con la frusta le uova intere e incorporatevi la farina e lo yogurt, aggiungete lo zenzero rosolato, i semi tostati e decorticati, il sale, il pepe e dei ciuffettini di finocchietto.

In una padella ampia scaldate l'olio rimanente e versatevi il composto, coprendolo con un coperchio. Lasciate rassodare, rigirate e completate la cottura da ambo i lati.

Trasferite la frittata in un vassoio da portata e tagliatela a quadretti.

QUICHE DI FILLO AL SALMONE, SESAMO E CAVOLETTI

- *4 fogli di pasta fillo*
- *50 g di **salmone** affumicato a cubetti*
- *6 **cavoletti di Bruxelles***
- *1 **uovo***
- *100 ml di **yogurt greco***
- *1 cucchiaio di **curcuma** fresca grattugiata*
- *1 cucchiaino di **zenzero** fresco grattugiato*
- *1 cucchiaio di **semi di sesamo***
- *1 ciuffo di aneto*
- *burro per ungere la pirofila*
- *sale*
- *pepe*

Cuocete i cavoletti al vapore praticandogli una croce sulla testa. In una ciotola, mescolate lo yogurt, la curcuma fresca, l'aneto e lo zenzero. Aggiungete l'uovo e mescolate bene.

Unite i cubetti di salmone e i cavoletti tagliati a metà. Aggiustate di sale e pepe.

Adagiate i fogli di fillo in una pirofila imburrata e metteteci sopra il composto, ripiegante gli angoli e cospargete di semi di sesamo.

Cuocete in forno preriscaldato a 180 °C fino a lieve doratura. Fate raffreddare e tagliate in porzioni.

RAVIOLI CINESI VEGANI ALLA GRIGLIA

Per la pasta:
- *250 g di farina 00*
- *150 ml d'acqua*

Per il ripieno:
- *1 cucchiaino di **zenzero** fresco grattugiato*
- *1 cucchiaino di **curcuma***
- *1 spicchio d'aglio*
- *1 carota media*
- *1 cucchiaio di salsa di **soia***
- *50 g di **cavolo verza***
- *1 cipolla media*
- *pepe di Sichuan*
- *1 cucchiaio d'olio di semi di **sesamo***

Su una spianatoia, versate la farina a fontana e lentamente incorporatevi l'acqua lavorando l'impasto con le mani fino a che risulterà consistente e omogeneo.

Formate un cilindro e fatelo riposare, avvolto da pellicola trasparente, per un'ora e mezzo in un luogo fresco e asciutto.

Mentre l'impasto riposa, preparate il ripieno.

Tritate finemente al coltello il cavolo verza, fate una julienne con la carota e la cipolla e grattugiate lo zenzero fresco.

In un wok o in una padella antiaderente, saltate l'aglio privato dell'anima con metà dell'olio e aggiungete la verdura alzando il fuoco. Unite lo zenzero e la soia cuocendo fino a evaporazione. Spolverate con la curcuma e il pepe e mescolate.

Stendete sulla spianatoia infarinata la pasta e tagliate il cilindro in parti uguali, con il matterello ricavate dei dischetti di pasta sottili, metteteci un pochino di ripieno al centro e formate delle mezzelune, chiudendole a ventaglio con le dita inumidite.

Ungete una piastra con l'olio rimasto e grigliate i ravioli. Servite con salsa di soia o salsa di peperoncino.

ROTOLINI ALLA SPIRULINA, SALMONE E AVOCADO

- *8 **uova** fresche*
- *2 cucchiai di **yogurt greco***
- *1 cucchiaio di **spirulina** in polvere*
- *1 **avocado***
- *1 lime*
- *100 g di **salmone selvaggio***
- *20 g di **wakame***
- ***semi di sesamo***
- *1 cucchiaio d'**olio EVO***
- *sale*
- *pepe*

Sbattete le uova con la spirulina e mescolateci lo yogurt, il sale e il pepe.

Scaldate l'olio in una padella e fate una frittata.

Schiacciate la polpa di avocado in una ciotola e irroratela di succo di lime.

Adagiate la frittata su un piano e spalmateci il composto, poi copritelo con le alghe e le fette di salmone e formate un rotolo.

Lasciate raffreddare in frigorifero, poi dividetelo a tronchetti e decorateli con il sesamo.

SALMONE SELVAGGIO CON ZENZERO, GOJI E YOGURT GRECO

- *150 g di **salmone selvaggio** affumicato*
- *4 cucchiai di **yogurt greco***
- ***zenzero** fresco grattugiato*
- *½ cucchiaino di succo di lime*

- *1 cucchiaino di **bacche di goji** per guarnire*
- ***olio EVO***
- *qualche foglia di shiso*
- *1 manciata di germogli di **kale***
- *sale*
- *pepe*

Mescolate le fette di salmone affumicato ridotte a straccetti, lo yogurt, l'olio, il succo di lime e lo zenzero, fino a creare una mousse spumosa.

Aggiustate di sale e pepe.

Mettete la mousse in frigorifero, poi guarnitela con bacche di goji e shiso.

Servite la mousse su un letto di germogli di kale.

SALSINA DI MORINGA E CAVOLFIORE CON PANE AI SEMI

Per la salsa:

- *4 bastoncini di **moringa** fresca*
- *500 g di **cavolfiore***
- *2 cucchiaini di **tahini***
- *2 cucchiai d'**olio EVO***
- *2 cucchiai di succo di limone*
- ***semi di sesamo** neri*
- *sale*
- *pepe*

Per il pane:

- *90 ml d'acqua*
- *1 pizzico di zucchero*
- *2 cucchiaini di sale*

- *260 g di farina*
- *12 g di lievito di birra*
- *5 cucchiaini di* ***semi di zucca, girasole, lino*** *e* ***papavero***

Versate l'acqua tiepida in un bicchiere. Scioglietevi il lievito sbriciolato e aggiungete lo zucchero.

In una ciotola versate la farina e aggiungete il sale. Rimescolate unendo il lievito sciolto.

Alla fine unite i semini e mescolate ancora fino a ottenere un impasto omogeneo.

Versate il composto sul piano da lavoro e impastate con le mani per ottenere un panetto liscio.

Rimettete l'impasto nella ciotola e coprite con un canovaccio di cotone.

Lasciate lievitare per circa 2 ore. Quando l'impasto raddoppierà il suo volume, mettetelo sul piano da lavoro e fate una pagnotta.

Fate lievitare ancora un'ora in una teglia con carta da forno, cospargete la pagnotta con un cucchiaio di semi vari.

Accendete il forno a 180 °C e cuocete per 30 minuti.

Lasciate raffreddare leggermente la pagnotta prima di tagliarla a fette.

Cuocete al vapore la moringa fresca e i fioretti di cavolfiore. Frullateli con la tahini, il limone, il sale, il pepe e l'olio e decorate con il sesamo nero.

Servite con il pane ai semi.

SAMOSA DEL KASHMIR

- *250 g di farina di* ***ceci***
- *2 cucchiai d'olio di semi di* ***sesamo***

Per il ripieno:
- *3 patate medie*
- *3 cucchiai di* ***piselli*** *freschi*
- *1 carota*
- *1 cucchiaino di* ***curcuma***
- *1 cucchiaino di* ***zenzero*** *fresco grattugiato*
- *1 cucchiaino di cumino in polvere*
- *2 cucchiai di garam masala*
- *1 cucchiaino di noce moscata grattugiata fresca*
- *1 manciata di* ***anacardi***
- *1 peperoncino fresco*
- *olio di semi per friggere*
- *sale*
- *pepe*

Versate la farina di ceci in una ciotola e aggiungete l'olio a filo, mescolando.

Impastate energicamente in modo da ottenere una palla omogenea: potete aiutarvi aggiungendo un pochino d'acqua tiepida. Fate riposare l'impasto per un'ora.

Intanto preparate il ripieno dei samosa.

Sbucciate e tagliate a dadini le patate e la carota e lessatele; a pochi minuti dalla fine della cottura aggiungete i piselli freschi. Quando tutte le verdure sono cotte, fatele rosolare appena in una padella con tutte le spezie elencate, gli anacardi spezzettati e il sale.

Prendete l'impasto di farina di ceci, stendetelo con il matterello su una spianatoia formando una sfoglia di tre millimetri di spessore. Tagliate dei quadrati e versate al centro un cucchiaino abbondante di ripieno. Ripiegate il rombo in modo da formare un triangolo.

Sigillate con le dita bagnate e friggete in olio bollente fino a doratura.

SARDE MARINATE AL TÈ MATCHA

- *4* ***sarde*** *eviscerate e sfilettate*
- *5 g di* ***tè matcha***
- *50 g di burro*
- *1 manciata di* ***anacardi*** *al naturale*
- *fette di pane integrale tostato*
- *4 cucchiai d'****olio EVO***

Per il court bouillon:

- *600 ml d'acqua*
- *1 carota*
- *1 scalogno*
- *1 rametto di timo*
- *1 foglia di alloro*
- *1 rametto di rosmarino*
- *qualche foglia di dragoncello*
- *1 bicchiere di vino bianco*
- *scorza di ½ limone*
- *6 bacche di pepe nero*
- *1 cucchiaino di sale grosso*

Mettete in una pentola tutti gli ingredienti del court bouillon e portate a ebollizione. Fate cuocere per 15 minuti. Filtrate il court bouillon bollente e rimettetelo in una pentola ampia riportandolo a bollore.

Spegnete il fuoco e incorporate i filetti di sarda. Poi rimuoveteli e metteteli in un vassoio largo.

In un recipiente sciogliete il matcha con l'apposito frustino insieme all'olio e spennellate le sarde.

Lasciatele a marinare tutta la notte in frigorifero.

Il giorno dopo mescolate degli anacardi spezzettati con il burro. Spalmate il composto su crostoni e serviteli con sopra le sarde.

SFORMATINI DI BROCCOLI E YOGURT GRECO

- *500 g di* ***broccoli***
- *50 g di burro*
- *50 g di farina*
- *250 g di* ***yogurt greco***
- *1 cucchiaio di* ***semi di girasole***
- *30 g di parmigiano grattugiato*
- *3* ***uova***
- *pangrattato*
- *succo di limone*
- *sale*
- *pepe*

Pulite i broccoli, lavateli e lessateli in acqua bollente con sale e succo di limone.

Scolateli e tritateli finemente, poi fateli insaporire per 5 minuti in un pentolino con il burro. Mescolando, aggiungete la farina e infine lo yogurt.

Aggiungetevi il formaggio, i semi e aggiustate di sale e pepe.

Versate l'impasto in una terrina e, quando sarà freddo, unitevi le uova intere sbattute una alla volta. Amalgamate il composto e versatelo in otto pirottini che avrete precedentemente unto e cosparso di pangrattato.

Fate cuocere gli sformati a bagnomaria per circa 15 minuti, poi estraeteli dal pirottino e disponeteli sul piatto da portata. Per ottenere una crosticina dorata sulla superficie mettete gli sformatini in forno ben caldo un momento prima di servirli e presentateli nel recipiente di cottura.

SFORMATINI DI COUSCOUS ALLA CURCUMA CON MANDORLE E GOJI

- *2 bicchieri d'acqua bollente*
- *2 cucchiaini di* ***curcuma***
- *1 bicchiere di couscous precotto*
- *1 porro*
- *1 ciuffo di menta fresca*
- *1 noce di burro*
- *1 cucchiaino d'****olio evo***
- *30 g di* ***mandorle***
- *qualche* ***bacca di goji***
- *1 manciata di* ***semini*** *vari*
- *sale*
- *pepe*

Bollite due bicchieri d'acqua e scioglieteci la curcuma, spegnete il fuoco e versate il couscous a pioggia, aggiungete il sale e il pepe e mescolate. Coprite bene e lasciate che il couscous si gonfi.

Rosolate il porro tagliato a fettine con l'olio.

Tritate al coltello un po' di menta. Tostate le mandorle a lamelle.

Accendete il forno e imburrate quattro pirottini.

Sgranate con la forchetta il couscous e aggiungete il burro, la menta tritata e il porro, mescolate bene e riempite i pirottini con il composto, pressandolo.

Cuocete a 180 °C fino a quando non si forma una lieve crosticina. Rovesciate i pirottini e guarnite con menta fresca, mandorle, semini e bacche di goji.

SPANAKOPITA CON BROCCOLI, SPINACI E SEMINI

- *1 rotolo di pasta fillo*
- *1 ciuffo di* ***spinaci*** *baby freschi*
- *qualche testa di* ***broccolo***
- *1 spicchio d'aglio*
- *200 g di feta*
- *1* ***uovo***
- ***semi di sesamo*** *e* ***di papavero***
- *sale*
- *pepe*

Cuocete i broccoli a vapore e saltateli in padella con un po' di aglio e gli spinaci.

Toglieteli dal fuoco e mescolateli con la feta e un uovo, lasciando da parte un goccio di albume per spennellare la superficie.

Preriscaldate il forno a 180 °C.

Sulla carta da forno mettete cinque fogli di pasta fillo e versatevi sopra il composto. Richiudete con altri cinque fogli, sigillate e spennellate con l'albume.

Cospargete la superficie con semi di sesamo e di papavero e infornate fino a doratura.

TAMAGOYAKI CON NORI

- *1 cucchiaino di mirin*
- *½ cucchiaino di salsa di* ***soia***
- *1 cucchiaio di zucchero*
- *4 cucchiai di dashi*
- *4* ***uova***
- *½ cucchiaio d'olio di semi*

- *10 cm di* ***nori***
- *4 cucchiaini di riso per sushi*

In una ciotola sbattete le uova con il mirin, la salsa di soia, l'alga secca ridotta in fiocchi, lo zucchero e il brodo dashi.

Riscaldate un terzo dell'olio in una padella antiaderente e versate un terzo del composto. Distribuite il composto su tutta la superficie ruotando la padella e fate cuocere per qualche minuto. Non appena la frittata si sarà rappresa, arrotolatela bene su se stessa.

Prelevate il rotolino di frittata dalla padella, versate un altro terzo d'olio e quindi un altro terzo di composto. Procedete ad avvolgere sul primo rotolino. Continuate con l'ultima parte d'olio e di composto per creare la terza frittatina, in modo da ottenere alla fine tre frittatine sottili arrotolate una all'altra.

Ponete delicatamente il rotolo finale su un bambù per sushi e aspettate che si freddi.

Tagliate a fette e servite con sopra un cucchiaino di riso per sushi.

TARTINE AL SALMONE CON YOGURT E ANACARDI

- *200 g di* ***salmone*** *affumicato*
- *30 g* ***cavolo cappuccio viola***
- *1 manciata di* ***anacardi***
- *qualche grappolo di* ***ribes rosso***
- *8 crostini*
- *150 g di* ***yogurt greco***
- *1 limone*
- *1 cucchiaio d'****olio EVO***

Su un vassoio preparate un letto di cavolo cappuccio alla filangè e irroratelo con l'olio.

Tostate i crostini, spalmateci sopra abbondantemente lo yogurt greco e adagiateci le fette di salmone con una spruzzata di limone.

Riducete gli anacardi in pezzi grossolani e spargeteli sulla superficie. Infine guarnite con il ribes e servite.

TRAMEZZINI AL SALMONE, AVOCADO E TÈ MATCHA

- *1 cucchiaino da caffè di* ***tè matcha***
- *80 g di formaggio spalmabile*
- *½* ***avocado***
- *½ cucchiaino di cipolla rossa tritata*
- *succo di lime*
- *160 g di* ***salmone selvaggio*** *affumicato*
- *1 pomodoro maturo*
- *10 fette di pane bianco da sandwich*

Frullate l'avocado, aggiungete la cipolla tritata, il tè, il succo di lime e il formaggio spalmabile, in modo da formare una crema omogenea.

Su un tagliere preparate le fette di pane da sandwich.

Su cinque fette spalmate la crema di tè e disponeteci sopra il salmone.

Aggiungete il pomodoro tagliato a fette e chiudete con l'altra fetta di pane.

Tagliate in quadratini e servite.

TZATZIKI ALLA SPIRULINA

- *500 g di **yogurt greco***
- *1 cetriolo*
- *1 cucchiaino di **spirulina***
- *1 spicchio d'aglio*
- *1 ciuffetto di menta*
- *sale*
- *pepe*

Private il cetriolo della buccia, tagliatelo alla julienne e lasciatelo sgrondare in uno scolapasta.

Schiacciate l'aglio con un coltello.

In una ciotola da portata, mescolate lo yogurt con l'aglio, il sale, il pepe e la spirulina.

Strizzate il cetriolo dall'eccesso di liquido e aggiungetelo allo yogurt con qualche foglia di menta tritata.

Servite freddo.

UOVA DI QUAGLIA ROTOLATE NEL SESAMO CON INSALATINA DI CAVOLO RICCIO

- *12 **uova di quaglia***
- ***cavolo riccio** giovane*
- ***ribes***
- ***miso di sesamo***
- ***semi di sesamo***
- ***olio EVO***
- *pepe*

Portate a bollore l'acqua in un pentolino e versateci delicatamente le uova di quaglia con il guscio.

Preparate una ciotola con acqua e ghiaccio per poi sbucciarle più facilmente. Dopo 2 minuti di cottura, sbucciatele nell'acqua fredda.

Lavate bene il ribes e il cavolo riccio giovane.

Fate un'emulsione con l'olio, il pepe e una pizzico di miso di sesamo.

Rotolate ciascun uovo ancora bagnato fino a ricoprirlo di sesamo e, delicatamente, adagiatelo sul letto di cavolo fresco, aggiungete qualche bacca di ribes e condite con l'emulsione.

UOVA RIPIENE ALL'AVOCADO E SPIRULINA

- *6* ***uova***
- *1* ***avocado*** *maturo*
- *1 pomodoro medio*
- *1 cipollina fresca*
- *1 lime*
- *1* ***peperoncino*** *fresco*
- *1 cucchiaino d'****olio*** **EVO**
- *1 cucchiaino di* ***zenzero*** *fresco tritato*
- *1 ciuffetto di coriandolo*
- *2 cucchiaini di* ***spirulina***
- *1 cucchiaio di* ***semi di sesamo***
- *qualche foglia di* ***kale***
- *1 pizzico di sale himalayano*

Assodate le uova lasciandole bollire in acqua salata per 8 minuti. Sbucciatele sotto acqua fredda e tagliatele a metà per la lunghezza. Dividete delicatamente i tuorli e conservateli.

Tagliate la cipollina a piccoli quadretti, il peperoncino a fette e riducete a cubetti il pomodoro.

In una ciotola, schiacciate grossolanamente con una forchetta un avocado maturo, aggiungete subito il succo di lime e il sale himalayano, poi la spirulina e lo zenzero.

Aggiungete i tuorli sodi e mescolate, poi unite la cipollina, il pomodoro e il peperoncino.

Mescolate bene irrorando con l'olio e mettete il composto in una sac à poche.

Disponete gli albumi sodi su un letto di kale e riempite l'incavo con la crema della sac à poche.

Servite fredde con sopra semi di sesamo.

PRIMI PIATTI

BIGOLI CON PISELLI E SPIRULINA

- *300 g di bigoli*
- *300 g di* ***piselli*** *freschi*
- *1 cucchiaino di* ***spirulina***
- *1 scalogno*
- *1 ciuffo di menta*
- *3 cucchiai d'****olio EVO***
- ***semi di girasole***
- *sale*
- *pepe*

Cuocete i piselli in acqua bollente salata e scolateli.

In una padella con l'olio soffriggete lo scalogno e aggiungete i piselli con qualche foglia di menta.

Salate e pepate e conservate un po' di piselli per guarnire.

Frullate quelli rimasti con un cucchiaio d'olio e la spirulina.

Cuocete i bigoli al dente e diluite la salsa con un cucchiaio d'acqua di cottura.

Scolate, condite la pasta e decoratela con la menta, i semi di girasole e i piselli.

CICERI E TRIA

- *400 g di farina di semola di grano duro rimacinata*
- *300 g di* ***ceci*** *secchi*
- *1 cipolla bianca*
- *1 costa di sedano*
- *1 spicchio d'aglio*
- *2 foglie di alloro*
- ***olio EVO***

- *2 spicchi d'aglio*
- *sale*
- *pepe*

Ammollate i ceci in acqua e lasciateli per tutta la notte. Poi scolateli e metteteli in una pentola ricoprendoli con acqua che sopravanzi di due dita.

Unite le foglie di alloro, la cipolla a spicchietti, l'aglio, la costa di sedano. Mettete il coperchio e bollite per circa 2 ore aggiungendo il sale a metà cottura.

Intanto setacciate la farina sulla spianatoia, formate una fontana e versateci un bicchiere d'acqua tiepida salata. Amalgamate con un mestolo, poi con le mani fino a formare una palla. Fatela riposare per un'ora, coperta da un canovaccio.

Dividete la pasta in due pezzi e stendeteli con il matterello in uno strato di cinque millimetri e poi riducetelo in strisce larghe tre millimetri. Disponete le tagliatelle su un piano infarinato e fatele seccare. Intanto dedicatevi ai ceci. Quando sono cotti, conservatene un terzo e il resto passatelo nel passaverdure. Poi versate il composto nella casseruola con gli altri ceci.

Versate l'olio in un tegame alto e aggiungete l'aglio, che toglierete quando l'olio è caldo, poi friggete un terzo della pasta. Sgocciolatela e mettetela da parte e versate tre cucchiai dell'olio usato nella casseruola con i ceci.

Cuocete in acqua salata il resto della tria, poi scolatela al dente e mescolatela ai ceci per un minuto.

Spegnete il fuoco e unite la tria fritta e una macinata di pepe.

Servite caldo.

FUSILLI FREDDI CON SALMONE, AVOCADO E YOGURT ALLA SPIRULINA

- *400 g di fusilli*
- *100 g di **salmone** fresco*
- *1 **avocado** non morbidissimo*
- *8 pomodorini ciliegini*
- *1 vasetto di **yogurt greco** intero*
- *1 cucchiaino di **spirulina***
- *1 ciuffo di menta*
- *1 cucchiaio di **zenzero** fresco grattugiato*
- *3 cucchiai d'**olio EVO***
- ***semini***
- *sale*
- *pepe*

In una insalatiera grande versate lo yogurt e mescolatelo bene con lo zenzero appena grattugiato e la spirulina.

Fate a tocchetti il salmone e saltatelo in padella con un pochino d'olio, sale e pepe. Fatelo raffreddare e tenetelo da parte.

Tagliate i pomodorini in quattro e l'avocado a fettine.

Cuocete i fusilli al dente, scolateli e passateli nell'acqua fredda, condite con lo yogurt alla spirulina e l'olio restante.

Aggiungete il salmone, i pomodorini e l'avocado, mescolate bene e servite freddi con un po' di menta spezzettata e i semini.

GNOCCHI DI PATATE AL PESTO DI MORINGA

- *1 kg di patate a pasta gialla per gnocchi*
- *300 g circa di farina di semola di grano duro*
- *1 **uovo***

- *2 spicchi d'aglio*
- *50 g di foglie di basilico*
- *40 g di parmigiano*
- *30 g di pinoli*
- *30 g di* ***noci***
- *10 g di* ***mandorle***
- *5 cucchiai d'****olio*** **EVO**
- *2 cucchiai di polvere di* ***moringa***
- *sale*
- *pepe*

Lessate al vapore o in acqua salata le patate ben sbucciate. Quando sono ancora bollenti, schiacciatele con lo schiacciapatate direttamente sulla spianatoia infarinata e formate una fontana. Al centro rompete l'uovo intero, salate e unite la farina.

Impastate con delicatezza, sempre mentre sono ancora calde. Se l'impasto dovesse essere troppo appiccicoso, aggiungete un pochino di farina. Quando ha raggiunto la giusta compattezza, fate dei rotolini spessi un dito e tagliateli a tocchetti. Se volete, potete modellare gli gnocchi formando l'incavo mentre li passate sul retro della grattugia per rendere la superficie più ruvida. Disponeteli, distanziandoli delicatamente, su un piano infarinato e copriteli con un canovaccio.

Tritate in un frullatore il basilico, i pinoli, le noci e le mandorle brevemente tostati, l'aglio e l'olio d'oliva. Poi amalgamate questa miscela con un cucchiaio d'acqua di cottura, il parmigiano e la polvere di moringa.

Versate gli gnocchi in una pentola d'acqua bollente capiente e, quando affiorano in superficie, raccoglieteli con una schiumarola e metteteli in un vassoio con un poco d'olio perché non si attacchino, aggiungete il pesto e servite caldissimi.

GNOCCHI DI PATATE ALLA CURCUMA CON YOGURT E PAPAVERO

- *1 kg di patate a pasta gialla per gnocchi*
- *300 g circa di farina di semola di grano duro*
- *1* ***uovo***
- *2 cucchiaini rasi di* ***curcuma***
- *1 pizzico di sale*
- *250 g di* ***yogurt greco***
- *1 ciuffo di erba cipollina*
- *4 cucchiai di parmigiano grattugiato*
- *3 cucchiai d'****olio EVO***
- ***semi di papavero***
- *sale*
- *pepe*

Lessate al vapore o in acqua salata le patate ben sbucciate. Quando sono ancora bollenti, schiacciatele con lo schiacciapatate direttamente sulla spianatoia infarinata e formate una fontana. Al centro rompete l'uovo intero, salate e unite la curcuma e la farina.

Impastate con delicatezza, sempre mentre sono ancora calde. Se l'impasto dovesse essere troppo appiccicoso, aggiungete un pochino di farina. Quando ha raggiunto la giusta compattezza, fate dei rotolini spessi un dito e tagliateli a tocchetti. Se volete, potete modellare gli gnocchi formando l'incavo mentre li passate sul retro della grattugia per rendere la superficie più ruvida. Disponeteli, distanziandoli delicatamente, su un piano infarinato e copriteli con un canovaccio.

Mantecate in una ciotola lo yogurt con l'erba cipollina sminuzzata, un cucchiaio di parmigiano grattugiato e il pepe macinato.

Versate gli gnocchi in una pentola d'acqua bollente capiente e, quando affiorano in superficie, raccoglieteli con una schiumarola e metteteli in un vassoio con un poco d'olio perché non si attacchino, versatevi la salsa, cospargete di semini di papavero e servite con parmigiano grattato.

LINGUINE DI FARRO CON MISO DI CECI E ZENZERO

- *350 g di linguine di farro*
- *2 cucchiaini di* ***zenzero*** *fresco grattugiato*
- *1 spicchio d'aglio*
- *1 cucchiaio di* ***miso di ceci***
- *1 cucchiaio di salsa* ***tahini***
- *1 cucchiaino di salsa di* ***soia***
- *1 cucchiaio di succo di limone*
- *1 cucchiaio d'olio di* ***sesamo***
- ***semi di sesamo***

Mentre cuocete le linguine, schiacciate l'aglio al coltello e mettetelo in una ciotola capiente, spremete un limone e grattugiate lo zenzero. Mettete tutto nella ciotola, aggiungete il miso, la soia e il tahini e mescolate. Il miso assorbirà tutto il liquido, quindi aggiungete gradualmente un po' d'acqua di cottura mescolando a freddo, fino a formare una crema omogenea.

Scolate la pasta e mettetela nella ciotola, aggiungendo l'olio di sesamo.

Condite bene e servite, guarnendo ogni porzione con sopra semi di sesamo.

MALTAGLIATI AL CAVOLO NERO, ACCIUGHE E PEPERONCINO

- *300 g di maltagliati*
- *300 g di **cavolo nero***
- *3 **acciughe** sottolio*
- *1 spicchio d'aglio*
- *1 peperoncino fresco*
- *3 cucchiai d'**olio EVO***
- *sale*
- *pepe*

Mondate il cavolo nero dalle costole e fatelo a pezzetti, poi saltate in una padella con l'olio le acciughe, l'aglio, il peperoncino e il cavolo. Cuocete i maltagliati in acqua salata e conditeli con questo sugo.

NOODLES CON GERMOGLI DI SOIA, ANACARDI, AZUKI, VERZA E ZENZERO

- *300 g di noodles*
- *1 pugno di **fagioli azuki** lessati*
- *1 pugno di **germogli di soia***
- *1 porro*
- *1 spicchio d'aglio*
- *50 g di **verza***
- *2 cucchiai di **zenzero** tritato*
- *1 pugno di **anacardi***
- *1 lime*
- *2 cucchiai d'olio di semi*
- *salsa di **soia***
- *salsa di pesce*

In un wok con l'olio di semi saltate l'aglio schiacciato e il porro tagliati a rondelle.

Aggiungete la soia, lo zenzero e la salsa di pesce, unite la verza a striscioline, gli azuki, gli anacardi e i germogli e saltate appena.

Cuocete i noodles in acqua bollente.

Quando saranno pronti, versateli nel wok, saltate e mescolate.

Finite il piatto con una strizzata di lime e gli anacardi tostati e tritati grossolanamente.

ORECCHIETTE ALLE CIME DI RAPA CON ZENZERO

- *400 g di orecchiette*
- *300 g di **cime di rapa***
- *1 spicchio d'aglio*
- *2 **acciughe** sottolio*
- *2 cm di **zenzero** fresco*
- *3 cucchiai d'**olio EVO***
- *sale*

Mondate le cime di rapa e cuocete in acqua salata.

In una padella, sciogliete nell'olio caldo le acciughe con l'aglio schiacciato al coltello.

Quando le cime di rapa risulteranno al dente, recuperatele con una schiumarola e trasferitele nella padella delle acciughe.

Non buttate l'acqua di cottura, ma usatela per cuocere le orecchiette.

Tagliate lo zenzero a lamelle e aggiungetelo alla padella con la verdura, le acciughe e l'aglio, e fate rosolare tutto aggiungendo un poco d'olio.

Scolate le orecchiette e conditele, saltandole nella padella, aggiustate di sale e servite calde.

PACCHERI CON ACCIUGHE, CAVOLFIORE, MELAGRANE E ZENZERO

- *400 g di paccheri*
- *200 g di **acciughe***
- *200 g di **cavolfiore***
- *qualche chicco di **melagrana***
- *1 cucchiaio di **zenzero** fresco grattugiato*
- *1 ciuffo di aneto*
- *3 cucchiai d'**olio EVO***
- *sale*

Sciogliete le acciughe sottolio con un filo d'olio e grattugiate lo zenzero.

Mettete a cuocere i paccheri in acqua salata insieme ai fioretti di cavolfiore.

Pulite la melagrana e mettete circa un cucchiaio di chicchi da parte, il resto potete utilizzarlo in un'altra occasione come spremuta.

Buttate la pasta nella padella e saltate con un cucchiaio d'acqua di cottura.

Servite con l'olio a crudo, i chicchi di melagrana e l'aneto fresco.

PASTA E FAGIOLI

- *350 g di* ***fagioli borlotti***
- *200 g di pasta corta*
- *1 cucchiaio di concentrato di pomodoro*
- *1 spicchio d'aglio*
- *salvia*
- *rosmarino*
- *3 cucchiai d'****olio EVO***
- *sale*
- *pepe*

Mettete i fagioli secchi a bagno in un contenitore per tutta la notte. Una volta terminato il tempo di ammollo, sciacquate i fagioli e fateli scolare.

Prendete una pentola capiente e rosolate in olio lo spicchio d'aglio, la salvia e un rametto di rosmarino, poi unite i fagioli e un po' d'acqua in modo da coprire il tutto e salate.

Cuocete per circa 2 ore a fiamma bassa. Quando saranno cotti aggiungete il concentrato di pomodoro e mescolate, fate riprendere il bollore e, se volete dare una consistenza più cremosa alla minestra, frullate parte dei fagioli cotti e poi riuniteli alla cottura.

Bollite la pasta che preferite, scolatela e aggiungetela alla pentola con i fagioli. Versate un filo d'olio a crudo, una spolverata di pepe nero e servite a tavola.

PENNE INTEGRALI CON ALGHE, ALICI E SESAMO

- *400 g di penne integrali*
- *15 g di* ***dulse*** *e* ***wakame*** *in fiocchi*
- *4 cucchiaini di* ***semi di sesamo***

- *6 **alici** sottolio*
- *2 cucchiai di polpa di pomodoro*
- *1 spicchio d'aglio*
- *3 cucchiai d'**olio EVO***
- *1 cucchiaio di **zenzero** fresco grattugiato*

Mentre cuocete la pasta, sciogliete le alici in una padella con l'olio, lo zenzero e lo spicchio d'aglio.

Tostate in un padellino il sesamo.

Aggiungete alle alici le alghe e quattro cucchiai d'acqua di cottura. Unite il pomodoro e lasciate rapprendere.

Scolate la pasta nella padella del condimento, saltate aggiungendo l'olio e i semi di sesamo.

PENNETTE INTEGRALI AL PESTO DI NOCI, KALE, MORINGA E POMODORI SECCHI

- *400 g di pennette integrali*
- *80 g di **noci***
- *1 cucchiaino di polvere di **moringa***
- *200 g di **kale***
- *5 pomodori secchi*
- *100 g di ricotta di pecora*
- *1 spicchio d'aglio*
- *1 cucchiaio di **zenzero** fresco grattugiato*
- *4 cucchiai d'**olio EVO***
- *peperoncino*
- *sale*

Mettete a bollire le pennette in acqua salata.

Grattugiate lo zenzero, schiacciate l'aglio al coltello e pulite il kale.

Tostate le noci in un padellino.

Mettete nel frullatore ricotta, peperoncino, moringa, sale, noci tostate, kale, aglio, zenzero, pomodori secchi, un cucchiaio d'olio e uno d'acqua di cottura della pasta.

In un saltapasta, insaporite le pennette scolate con il pesto, aggiungete olio, mescolate e servite con parmigiano grattato e noci spezzettate.

SPAGHETTI INTEGRALI CACIO, PEPE, NOCI E MELAGRANE

- *400 g di spaghetti integrali*
- *80 g di pecorino stagionato grattugiato fresco*
- *100 g di* ***noci***
- *qualche chicco di* ***melagrana***
- *4 cucchiaini di* **olio EVO**
- *qualche filo di erba cipollina*
- *sale*
- *pepe*

Pulite la melagrana.

Cuocete in acqua bollente gli spaghetti integrali.

Recuperate due cucchiai d'acqua di cottura ed emulsionatela con il pecorino grattugiato e una presa di pepe macinato.

Tostate le noci e trituratele grossolanamente.

Scolate gli spaghetti, conditeli in padella con la salsa, l'olio e dell'altro pepe.

Cospargete con le noci tostate, i chicchi di melagrana e l'erba cipollina spezzettata e servite.

TAGLIATELLE ALLA CURCUMA CON ZENZERO E NORI

- *400 g di farina di semola di grano duro*
- *3 **uova** intere*
- *1 cucchiaio raso di **curcuma***
- *1 foglio di **nori***
- *2 cm di **zenzero** fresco*
- *1 spicchio d'aglio*
- *1 manciata di pomodorini di Pachino*
- *4 cucchiai d'**olio EVO***
- *1 ciuffo di prezzemolo*
- ***semini***
- *sale*
- *pepe*

Versate la farina a fontana insieme alla curcuma e rompete al suo interno le uova.

Cominciate a impastare con la punta delle dita e, quando la consistenza è più dura, procedete con i palmi fino a ottenere un composto omogeneo.

Formate una palla e fatela riposare per un'ora in un luogo fresco e asciutto, protetta da una pellicola.

Infarinate la spianatoia e stendete la pasta con il matterello con uno spessore massimo di due millimetri.

Infarinate e piegate la pasta tre volte, in modo da creare un rettangolo.

Tagliate il rettangolo in tante striscioline e lasciate le tagliatelle alla curcuma a seccare un pochino sulla spianatoia infarinata.

In un saltapasta, fate rosolare appena l'aglio schiacciato al coltello, poi aggiungete a fuoco spento i pomodorini tagliati in quattro e lo zenzero ridotto a lamelle sottilissime.

Cuocete al dente la pasta in acqua salata. Scolatela e accendete il fuoco sotto il saltapasta, versateci la pasta e finite la cottura per qualche istante fino a far rapprendere il liquido del condimento, saltando e mescolando.

Servite immediatamente con alga nori sbriciolata e prezzemolo, chiudendo il piatto con un giro d'olio a crudo e una spolverata di semini.

TAGLIOLINI ALLA SPIRULINA, BURRATA, ACCIUGHE E POMODORINI

- *400 g di farina di semola di grano duro*
- *3* ***uova*** *intere*
- *10 g di* ***spirulina***
- *1 spicchio d'aglio*
- *1 manciata di pomodorini di Pachino*
- *200 g di burrata*
- *4* ***acciughe*** *sottolio*
- *4 cucchiai d'****olio EVO***
- *1 ciuffo di basilico*
- *1 spolverata di* ***semi di sesamo***
- *sale*
- *pepe*

Versate la farina a fontana insieme alla spirulina e rompete al suo interno le uova. Cominciate a impastare con la punta delle dita e, quando la consistenza è più dura, procedete con i palmi fino a ottenere un composto omogeneo.

Formate una palla verde e fatela riposare per un'ora in un luogo fresco e asciutto, protetta da una pellicola.

Infarinate la spianatoia e stendete la pasta con il matterello con uno spessore massimo di due millimetri.

Infarinate e piegate la pasta tre volte, in modo da creare un rettangolo. Tagliate il rettangolo in tante striscioline sottili e lasciate i tagliolini a seccare un pochino sulla spianatoia infarinata.

In un saltapasta, fate rosolare appena l'aglio schiacciato al coltello, poi aggiungete a fuoco spento i pomodorini tagliati in quattro.

Sfilacciate la burrata.

Cuocete al dente la pasta in acqua salata. Scolatela e accendete il fuoco sotto il saltapasta, versateci la pasta verde, conditela con la burrata, le acciughe, i pomodorini e l'olio, aggiustate di sale e pepe, guarnite con foglie di basilico e una spolverata di semi di sesamo. Servite subito.

TONNARELLI CON FAVE, MORINGA E ZENZERO

- *300 g di tonnarelli*
- *1 cucchiaino di polvere di* ***moringa***
- *150 g di* ***fave*** *fresche*
- *1 scalogno*
- *3 pomodori maturi*
- *1 cucchiaino di* ***zenzero*** *grattugiato*
- *1 bicchiere di vino bianco secco*
- *3 cucchiai d'****olio evo***
- *sale*
- *pepe*

Appassite in una pentola lo scalogno con l'olio, aggiungete i pomodori a pezzi, la moringa in polvere e le fave. Sfumate a fuoco dolce con il vino, salate e pepate e grattate lo zenzero. Cuocete i tonnarelli in acqua salata e conditeli nella pentola del sugo di fave. Servite con un giro d'olio a crudo.

TORTELLI ALLA SPIRULINA CON SALMONE, BROCCOLI ROMANI E NOCI

Per la pasta:
- *400 g di farina*
- *3 **uova** intere*
- *10 g di **spirulina***

Per il ripieno:
- *500 g di patate*
- *qualche foglia di prezzemolo*
- *2 cucchiai d'**olio EVO***
- *1 spolverata di noce moscata*
- *1 cucchiaino di doppio concentrato di pomodoro*

Per il sugo:
- *100 g di **salmone** fresco*
- *1 vasetto di **yogurt greco** intero*
- *1 spicchio d'aglio*
- *1 manciata di **noci***
- *50 g di **broccoli romani***
- *1 cucchiaio d'**olio EVO***
- *sale*
- *pepe*

Sbucciate e lessate le patate. Nel frattempo preparate la sfoglia mettendo la farina e la spirulina a fontana su una spianatoia, rompete all'interno le uova e lavorate l'impasto fino a ottenere una palla liscia che non si attacchi alle mani. Lasciatela riposare coperta per un'ora. Stendete l'impasto a mano o con l'aiuto della macchina in sfoglie abbastanza spesse da sostenere il ripieno.

Quando le patate sono pronte, schiacciatele ancora calde con due cucchiai d'olio, il prezzemolo tritato, una spolverata di noce moscata, un cucchiaino di doppio concentrato di pomodoro, il sale e il pepe e fate delle palline grandi come una noce.

Sistemate le palline di ripieno a una distanza di circa due centimetri, poi ripiegate la sfoglia nel senso della lunghezza schiacciando ai lati del ripieno per sigillarlo all'interno della pasta. Con il tagliapasta zigrinato tagliate l'eccesso e separate i tortelli l'uno dall'altro, dandogli una forma quadrata.

Mettete a bollire l'acqua salata e cuocete i broccoli romani al dente.

Tostate le noci in un padellino. In una padella con olio caldo, saltate appena il salmone e i broccoli, aggiustate di sale e pepe e mescolateli con lo yogurt.

Bollite i tortelli nell'acqua dei broccoli e scolateli con una schiumarola adagiandoli nel sugo.

Finite con una manciata di noci tostate, un giro d'olio e servite.

RISO

OCHAZUKE AL TÈ VERDE E SALMONE

- *200 g di riso da sushi al vapore*
- *2 tazze di **tè verde***
- *15 g di katsuo*
- *10 cm di **kombu***
- *10 cm di **zenzero** fresco*
- *1 cipollotto*
- *1 filetto di **salmone***
- *20 g di **nori***
- ***gomasio***

Preparate il brodo dashi: pulite la kombu dai residui salini che spesso la rivestono, passandola sotto l'acqua fredda e strofinandola con un panno umido.

Mettete l'acqua in una pentola e lasciatevi immerso la kombu per 5 minuti circa.

Mettete la pentola sul fornello a fuoco medio. Man mano che l'acqua si riscalda, la kombu si distende e dalle estremità incomincia a rilasciare delle bollicine. Rimuovete con una schiumarola l'eventuale schiuma.

Poco prima che l'acqua raggiunga l'ebollizione rimuovete il pezzetto di kombu e mettete i fiocchi di katsuo spegnendo immediatamente il fuoco. Se si fa bollire il katsuo si ottiene un sapore molto forte, amaro e sgradevole. Contate fino a dieci e filtrate il dashi in un colino. Il liquido dovrà apparire chiaro e limpido.

Cuocete il riso al vapore.

Nel frattempo, portate a 70 °C un pentolino d'acqua, spegnete, aggiungete il tè e lasciate in infusione per 5 minuti.

Saltate il filetto di salmone in una padella antiaderente e sfilacciatelo con una forchetta.

Tagliate a fettine il cipollotto e a striscioline l'alga nori.

Componete le ciotole da portata mettendo per primo il riso, sopra il salmone, l'alga, il cipollotto e il gomasio.

Al momento di servire unite il brodo dashi caldo al tè verde e versate sul riso.

RISO AL PESTO DI ALGHE, KALE, ZENZERO E MANDORLE

- *300 g di riso basmati*
- *150 g di* ***mandorle***

- *20 g di* ***wakame***
- *20 g di* ***dulse***
- *50 g di* ***kale***
- *1 cucchiaio di* ***zenzero*** *grattugiato*
- *4 cucchiai d'****olio EVO***
- *sale*
- *pepe*

Fate rinvenire le alghe in acqua fredda, poi strizzatele e tritatele. Mondate il cavolo riccio e tuffatelo in acqua bollente, poi in una ciotola con ghiaccio per mantenere il colore.

Frullate le mandorle spellate con due cucchiai d'olio, l'aglio, lo zenzero, le alghe, il sale e il pepe. Poi incorporate il kale strizzato e tritate ancora fino a ottenere una consistenza cremosa.

Bollite il riso e, se la crema di condimento è troppo densa, aggiungetevi un cucchiaio d'acqua di cottura.

Trasferite il riso in una ciotola e versateci sopra il pesto, mescolate e servite con un giro d'olio a crudo.

RISO CON ZENZERO, CURCUMA E COCCO

- *350 g di riso a chicco lungo*
- *50 g di* ***cocco*** *grattugiato*
- *1 cucchiaio di* ***zenzero*** *fresco grattugiato*
- *1 cucchiaio di* ***curcuma***
- *1 peperoncino fresco*
- *2 cucchiai d'olio di* ***sesamo***

Cuocete il riso al dente, scolatelo e passatelo nell'acqua fredda.

Grattugiate in una ciotola il cocco e lo zenzero e aggiungete un cucchiaio d'olio.

Versate il riso, altro olio e mescolate insieme a una tazzina d'acqua in cui avrete disciolto la curcuma.

Tagliate a rondelle un peperoncino, mescolate e servite.

RISO INTEGRALE CON NORI, CECI, NOCI E SPIRULINA

- *350 g di riso integrale*
- *1 cucchiaio di **spirulina***
- *1 cucchiaio di **ceci** lessati*
- *50 g di **noci***
- *20 g di **nori***
- *1 spicchio d'aglio*
- *1 ciuffo di prezzemolo*
- *4 cucchiai d'**olio EVO***
- *sale*
- *pepe nero*

Mentre bollite il riso, frullate le noci con l'alga nori, l'aglio e il prezzemolo, aggiungete tre cucchiai d'olio e la spirulina, un goccio d'acqua di cottura e formate una crema densa.

Aggiustate di sale e pepe. Scolate il riso e trasferitelo in una ciotola, versateci sopra il pesto, mescolate, guarnite con i ceci e servite con un giro d'olio a crudo.

RISOTTO AI LEGUMI E GINEPRO

- *200 g di **fagioli rossi** lessati*
- *50 g di **lenticchie** lessate*
- *50 g di **fagioli azuki** lessati*

- *100 g di* ***fagioli con l'occhio*** *lessati*
- *350 g di riso Carnaroli*
- *1 l di brodo vegetale*
- *1 porro*
- *1 noce di burro*
- *1 bicchiere di vino bianco*
- *brodo vegetale*
- *1 cucchiaio d'****olio EVO***
- *prezzemolo*
- *rosmarino*
- *salvia*
- *4 bacche di ginepro*
- *sale*
- *pepe nero*

Preparate un brodo con cipolla, carota e sedano, e filtratelo.

Scaldate i legumi con salvia, rosmarino e olio.

Tritate il porro con la mezzaluna insieme al prezzemolo e fatelo rosolare appena in un cucchiaio d'olio.

Aggiungete il riso e tostatelo a fuoco vivace.

Condite con le erbe e il ginepro, il sale e il pepe, sfumate con il vino e poi aggiungete il brodo.

Quasi a fine cottura unite i legumi e mantecate con una noce di burro.

Servite con un giro d'olio a crudo e una macinata di pepe nero.

RISOTTO AI MIRTILLI

- *400 g di riso Carnaroli*
- *200 g di* ***mirtilli***
- *1 cucchiaio d'****olio EVO***
- *1 scalogno*

- *100 ml di* ***yogurt greco***
- *50 g di burro*
- *1 bicchiere di vino rosso*
- *1 l di brodo vegetale*
- *qualche foglia di timo*
- *3 cucchiai di parmigiano*
- *sale*
- *pepe*

In una casseruola, cuocete a fuoco dolce i mirtilli, serbando il necessario per la guarnizione, con il burro, il sale e il timo. Frullate la salsa di mirtilli con lo yogurt.

In una pentola preparate il brodo vegetale con un litro d'acqua, una carota, mezza cipolla e una costa di sedano. Bollite aggiungendo sale e pepe.

Tagliate lo scalogno a rondelle.

In una pentola capiente scaldate un cucchiaio d'olio e soffriggete lo scalogno a fuoco dolce, senza bruciarlo, poi unite il riso.

Tostate il riso mescolando, aggiungete un po' di sale e sfumate con il vino. Una volta che il vino sarà evaporato, aggiungete via via un po' di brodo con il ramaiolo per farlo cuocere, senza però affogarlo.

Appena prima di terminare la cottura, aggiungete il purè di mirtilli e mantecate con il parmigiano. Aggiungete ancora pepe e servite con mirtilli freschi.

RISOTTO AL LIMONE, ARAME, PESCE SCIABOLA E ZENZERO

- *400 g di riso arborio*
- *1 cucchiaio d'****olio EVO***

- *1 scalogno*
- *1 cucchiaio di scorza di limone*
- *200 g di filetti di* ***pesce sciabola***
- *1 carota piccola*
- *1 cucchiaio di* ***zenzero*** *tritato*
- *1 noce di burro*
- *1 bicchiere di vino bianco secco*
- *1 l di fumetto di pesce*
- *20 g di* ***arame***
- *sale*
- *pepe*

Mettete a bollire il fumetto di pesce e mantenete il fuoco basso.

Tagliate lo scalogno a rondelle e la carota a cubettini.

In una pentola capiente scaldate un cucchiaio d'olio e aggiungete lo scalogno e la carota, facendo ammorbidire la carota e appassire lo scalogno a fuoco dolce, senza bruciarli, poi unite il riso.

Tostate il riso mescolando e aggiungete un po' di sale. Quando il riso diventa vitreo, sfumate con il vino.

Non appena il vino sarà evaporato, aggiungete via via un po' di brodo con il ramaiolo per farlo cuocere, senza però affogarlo.

Pulite il pesce e saltatelo in padella a tocchetti.

Appena prima di terminare la cottura, aggiungete lo zenzero fresco grattugiato, poi la scorza di limone e il burro, continuando a mescolare.

Aggiustate di sale e pepe.

Servite il risotto con i tocchetti di pesce sopra e l'arame sbriciolata.

RISOTTO ALLE MELAGRANE

- *400 g di riso arborio*
- *1 cucchiaio d'***olio EVO**
- *1 scalogno*
- *50 g di chicchi di* ***melagrana***
- *1 carota piccola*
- *1 cucchiaio di* ***curcuma***
- *1 noce di burro*
- *1 bicchiere di vino bianco secco*
- *1 l di brodo vegetale*
- *qualche foglia di maggiorana*
- *3 cucchiai di parmigiano*
- *40 g di* ***noci***
- *sale*
- *pepe*

Ricavate i chicchi dalle melagrane e metteteli in una ciotolina.

In una pentola preparate il brodo vegetale con un litro d'acqua, una carota, mezza cipolla e una costa di sedano. Bollite aggiungendo sale e pepe.

Tagliate lo scalogno a rondelle e la carota a cubettini.

In una pentola capiente scaldate un cucchiaio d'olio e aggiungete lo scalogno e la carota, facendo ammorbidire la carota e appassire lo scalogno a fuoco dolce, senza bruciarli, poi unite il riso.

Tostate il riso mescolando e aggiungete un po' di sale. Quando diventa vitreo, sfumate con il vino. Non appena il vino sarà evaporato, aggiungete via via un po' di brodo con il ramaiolo per farlo cuocere, senza però affogarlo. Appena prima di terminare la cottura, aggiungete la granella di noci, la maggiorana e il burro, mescolando fino a coloritura omogenea. Aggiungete il pepe.

Spegnete il fuoco e mescolate i chicchi di melagrana nel risotto e servite caldo con parmigiano grattugiato.

RISOTTO CON VERZA, FONTINA E CURCUMA

- *400 g di riso arborio*
- *1 cucchiaio d'**olio EVO***
- *1 scalogno*
- *50 g di **cavolo verza***
- *1 carota piccola*
- *1 cucchiaio raso di **curcuma***
- *100 g di fontina valdostana*
- *1 noce di burro*
- *1 bicchiere di vino bianco secco*
- *1 l di brodo vegetale*
- *qualche foglia di maggiorana*
- *3 cucchiai di parmigiano*
- *peperoncino*
- *sale*

Staccate le foglie più esterne e più dure del cavolo e con un coltello recidete il torsolo alla base.

In una pentola preparate il brodo vegetale con un litro d'acqua, una carota, mezza cipolla e una costa di sedano. Bollite aggiungendo sale e pepe.

Lavate le foglie di verza e riducetele a listarelle sottili. Scottatele in acqua bollente, scolatele e mettetele da parte.

Tagliate lo scalogno a rondelle e la carota a cubettini.

In una pentola capiente scaldate un cucchiaio d'olio e aggiungete lo scalogno e la carota, facendo ammorbidire la carota e appassire lo scalogno a fuoco dolce, senza bruciarli, poi unite la verza e il riso.

Tostate il riso mescolando e aggiungete un po' di sale. Quando diventa vitreo, sfumate con il vino. Non appena il vino sarà evaporato aggiungete via via un po' di brodo con il ramaiolo per farlo cuocere, senza però affogarlo.

Appena prima di terminare la cottura, versate la curcuma disciolta in un po' d'acqua, il peperoncino, la maggiorana, la fontina e il burro, e continuate a mescolare.

Amalgamate il tutto e servite caldo con parmigiano grattugiato.

RISOTTO CON CAVOLFIORE, NOCI E ZENZERO

- *400 g di riso arborio*
- *1 cucchiaio d'**olio EVO***
- *1 scalogno*
- *50 g di **cavolfiore***
- *1 carota piccola*
- *1 cucchiaio di **zenzero** grattugiato*
- *1 noce di burro*
- *1 bicchiere di vino bianco secco*
- *1 l di brodo vegetale*
- *qualche foglia di maggiorana*
- *3 cucchiai di parmigiano*
- *40 g di **noci***
- *sale*
- *pepe*

Fate il cavolfiore a fioretti e cuocetelo al vapore.

In una pentola preparate il brodo vegetale con un litro d'acqua, una carota, mezza cipolla e una costa di sedano. Bollite aggiungendo sale e pepe.

Tagliate lo scalogno a rondelle e la carota a cubettini.

In una pentola capiente scaldate un cucchiaio d'olio e aggiungete lo scalogno e la carota, facendo ammorbidire la carota e appassire lo scalogno a fuoco dolce, senza bruciarli, poi unite il riso. Tostate il riso mescolando e aggiungete un po' di sale. Quando diventa vitreo, sfumate con il vino. Non appena il vino sarà evaporato aggiungete via via un po' di brodo con il ramaiolo per farlo cuocere, senza però affogarlo.

Appena prima di terminare la cottura, aggiungete il cavolfiore, lo zenzero fresco grattugiato, le noci tostate, la maggiorana e il burro, e continuate a mescolare.

Amalgamate il tutto e servite caldo con parmigiano grattugiato.

RISOTTO CON CURCUMA, ZENZERO E MORINGA

- *350 g di riso Carnaroli*
- *1 l di brodo vegetale*
- *1 porro*
- *1 noce di burro*
- *1 bicchiere di vino bianco*
- *4 cucchiai di parmigiano grattugiato*
- *brodo vegetale*
- *2 cucchiai di* ***curcuma*** *in polvere*
- *1 cucchiaio di* ***zenzero*** *grattugiato*
- *1 cucchiaio di* ***moringa***
- *1 cucchiaio d'****olio EVO***
- *1 ciuffo di prezzemolo*
- *sale*
- *pepe nero*

Preparate un brodo con cipolla, carota e sedano, poi filtratelo.

Tritate il porro con la mezzaluna insieme al prezzemolo e fatelo rosolare appena in un cucchiaio d'olio.

Aggiungete il riso e tostatelo a fuoco vivace.

Condite con sale e pepe, sfumate con il vino e poi aggiungete il brodo. Quasi a fine cottura unite lo zenzero e mantecate con la curcuma e la moringa sciolte in una tazzina di brodo caldo e la noce di burro. Finite con parmigiano grattugiato e prezzemolo fresco e servite.

TORTINI DI RISO VENERE CON BROCCOLI, MANDORLE E CAPPUCCIO ROSSO

- *350 g di riso Venere*
- *200 g di **broccoli***
- *50 g di **cavolo cappuccio rosso***
- *2 cucchiai d'**olio EVO***
- *30 g di lamelle di **mandorle***
- *2 **uova***
- *1 ciuffo di erba cipollina*
- *sale*
- *pepe nero*

Preparate le uova sode ma senza cuocerle troppo, in modo che il tuorlo resti un po' liquido.

Bollite il riso in acqua salata.

Dividete i broccoli in cime e cuoceteli al vapore. Saltate appena il cavolo cappuccio rosso in una padella con olio e aglio e aggiungeteci le mandorle.

In una ciotola condite il riso con l'olio e il sale e unite i broccoli. Con il coppapasta dividete il riso in porzioni e guarnite i tortini con il cappuccio tutto intorno.

Tagliate le uova a metà e ponetele in cima a ogni tortino. Guarnite ogni uovo con pepe e fili di erba cipollina.

MINESTRE E ZUPPE

BORSCHT

- *1 l di brodo vegetale*
- *½ **verza***
- *1 cipolla*
- *1 carota*
- *2 barbabietole*
- *1 cucchiaio raso di **curcuma***
- *2 cucchiai d'**olio EVO***
- *1 cucchiaio di aceto*
- *2 cucchiai di polpa di pomodoro*
- *½ cucchiaino di pepe in grani*
- *2 foglie di alloro*
- *2 chiodi di garofano*
- *1 spicchio d'aglio tritato*
- *50 ml di **yogurt greco***
- *sale*
- *pepe*

Rosolate la cipolla in due cucchiai d'olio, unite la carota a fettine e cuocete altri 5 minuti, 10 minuti in tutto. Versate il brodo e portate a ebollizione.

In una padella rosolate le barbabietole a tocchi con l'aglio e sfumate con l'aceto, poi unite il pomodoro. Cuocete 5 minuti a fuoco medio.

Aggiungete le barbabietole al brodo con le altre verdure, il sale e il pepe, poi la curcuma, l'alloro e i chiodi di garofano.

Lasciate riposare 15 minuti prima di servire con un cucchiaio di yogurt greco freddo e pepe macinato.

CHORBA DI LENTICCHIE, YOGURT E CURCUMA

- *400 g di **lenticchie***
- *1 porro*
- *200 ml di brodo vegetale*
- *50 ml di **yogurt greco***
- *1 cucchiaio di **curcuma***
- *1 ciuffo di erba cipollina*
- *1 limone*
- *2 cucchiai d'**olio EVO***
- *sale*
- *peperoncino*

Lasciate a bagno le lenticchie tutta la notte, poi bollitele e scolatele.

In una pentola capiente, soffriggete il porro con l'olio e aggiungete le lenticchie e il brodo vegetale.

Unite il peperoncino e la curcuma e frullate tutto con un mixer a immersione.

Servite in ciotole con una cucchiaiata di yogurt, un ciuffo di erba cipollina e uno spicchio di limone che ognuno può spremere sopra prima di degustare il piatto di origini turche.

DASHI CON GINGER FLOSS

- *500 ml d'acqua*
- *15 g di katsuo*

- *10 cm di **kombu***
- *10 cm di **zenzero** fresco*

Pulite il kombu dai residui salini che spesso lo rivestono, passandolo sotto acqua fredda e strofinandolo con un panno umido. Versate l'acqua in una pentola e lasciatevi immerso il kombu per 5 minuti circa.

Mettete la pentola sul fornello a fuoco medio. Man mano che l'acqua si riscalda, il kombu si distende e dalle estremità incomincia a rilasciare delle bollicine. Rimuovete con una schiumarola l'eventuale schiuma.

Poco prima che l'acqua raggiunga l'ebollizione rimuovete il pezzetto di kombu e mettete i fiocchi di katsuo spegnendo immediatamente il fuoco. Se si fa bollire il katsuo si ottiene un sapore molto forte, amaro e sgradevole. Contate fino a dieci e filtrate il dashi con un colino. Il liquido dovrà apparire chiaro e limpido. Friggete lo zenzero fresco ridotto a fili e distribuitelo sopra il dashi.

DUNT-DALUN CHIN-YEI

- *2 cucchiai d'olio di **sesamo***
- *1 cipolla bianca*
- *2 spicchi d'aglio*
- *1 cucchiaino di **curcuma***
- *3 pomodori verdi*
- *100 g di **kale***
- *100 g di bastoncini di **moringa** cotti*
- *1 l di brodo di verdure*
- *200 g di **pesce azzurro***
- *10 gamberetti*
- *sale*

Per questa zuppa birmana sfilettate, pulite e fate a pezzi il vostro pesce azzurro preferito.

Saltate la cipolla a fettine e l'aglio in una casseruola con l'olio.

Aggiungete i pomodori a spicchi e il kale.

Aggiungete il brodo in cui avrete sciolto la curcuma. Arrivate al punto di ebollizione e unite la moringa.

Versatevi il pesce a pezzi e fate cuocere per 10 minuti.

Aggiungete i gamberetti puliti e fate andare per altri 5 minuti.

Aggiustate di sale e servite.

FARINATA DI CAVOLO NERO E CANNELLINI

- *200 g di **fagioli cannellini** lessati*
- *400 g di **cavolo nero***
- *100 g di farina di mais bramata*
- *1 carota*
- *1 cipolla rossa piccola*
- *foglie di salvia e rosmarino*
- *1 spicchio d'aglio*
- *3 cucchiai d'**olio EVO***
- *sale*
- *pepe*

Mondate il cavolo nero, eliminando la costola centrale, e spezzettatelo con le mani grossolanamente.

Soffriggete l'aglio, la cipolla e la carota in olio e unite il cavolo fino ad appassirlo.

Versate i fagioli lessati sul cavolo, aggiustate di sale e pepe e aggiungete le erbe.

In una pentola preparate la polenta secondo le istruzioni e diluitela per renderla lenta, mescolando di continuo.

Versateci il cavolo e i fagioli e amalgamate bene.

Servite con olio a crudo e una spolverata di pepe.

HARIRA BERBERA

- *50 g di **fave** lessate*
- *50 g di **ceci** lessati*
- *200 g di **lenticchie** lessate*
- *500 g di pomodori San Marzano*
- *2 cipolle*
- *1 carota*
- *1 sedano*
- *6 cucchiai di farina*
- *1 mazzetto di coriandolo fresco*
- *1 cucchiaino di **curcuma***
- *1 cucchiaio di **zenzero** fresco grattugiato*
- *1 spolverata di cannella*
- *1 limone*
- *2 cucchiai d'**olio EVO***
- *sale*
- *pepe*

Per preparare questa specialità berbera munitevi di una pentola capiente, versate l'olio e fate rosolare la cipolla a fettine, il sedano e la carota a cubetti. Unite i legumi, lo zenzero, la curcuma, il sale e il pepe.

Aggiungete i pomodori, un paio di bicchieri d'acqua e portate a ebollizione, abbassate il fuoco e fate cuocere per 20 minuti.

Aggiungete acqua e un pizzico di cannella.

Con la frusta mescolate in una ciotola la farina con un po' d'acqua e incorporatela gradualmente alla zuppa.

Cuocete ancora per 10 minuti circa, mescolando di tanto in tanto.

Servite in ciotole individuali, accompagnando con spicchi di limone e coriandolo fresco.

MINESTRA D'ORZO E LENTICCHIE

- *300 g di orzo perlato*
- *200 g di* **lenticchie** *di Castelluccio*
- *2 cucchiai di passata di pomodoro fresca*
- *1 costa di sedano*
- *1 carota*
- *1 cipolla*
- *alloro*
- *salvia*
- *2 spicchi d'aglio*
- *1 peperoncino fresco*
- *2 cucchiai d'***olio EVO**
- *pepe*
- *sale*

Lavate le lenticchie ed eliminate eventuali impurità. In una pentola versate dell'acqua fredda, le lenticchie, una costa di sedano, mezza cipolla, una carota, una foglia di alloro, uno spicchio intero d'aglio, un peperoncino e salate. Lasciate cuocere fino a intenerire le lenticchie.

In un'altra pentola soffriggete una mirepoix di sedano, carota e cipolla. Versate le lenticchie scolate sul soffritto e qualche mestolata del loro brodo di cottura.

Aggiungete le foglie di salvia e alloro, due cucchiai di passata di pomodoro fresca, un po' di pepe, e fate insaporire a fuoco alto. In abbondante acqua salata, bollite l'orzo perlato e scolatelo. Completate la sua cottura nella pentola con le lenticchie, aggiungendo il brodo di cottura filtrato.

Servite la minestra con un goccio d'olio e del pepe fresco macinato.

MINESTRONE DEL BENESSERE

- *200 g di **fagioli** freschi sgusciati*
- *200 g di **piselli** freschi o surgelati*
- *100 g di **ceci** lessati*
- *4 grosse patate farinose*
- *4 zucchine*
- *3 carote*
- *2 cipolle*
- *1 costa di sedano*
- *200 g di **fagiolini***
- *100 g di **verza***
- *100 g di **broccoli***
- *2 pomodori maturi*
- *1 cucchiaio di **curcuma***
- *peperoncino*
- *1 anice stellato*
- *3 cucchiai d'**olio EVO***
- *sale*

Riducete a cubetti le verdure e a pezzettini le foglie, aggiungete i legumi e mettete tutto a bollire in abbondante acqua salata con peperoncino e anice stellato.

A cottura ultimata, aggiungete la curcuma e servite con un giro d'olio a crudo.

MISOSHIRU

- *1 foglio di **kombu***
- *1 cucchiaio di **wakame** spezzettata*
- *½ carota*
- *1 porro*
- *1 costa di sedano*
- *4 cm di daikon*
- *4 funghi di Eryngii*
- *60 g di **miso***
- *2 cm di **zenzero** fresco*
- *1 ciuffetto di erba cipollina*
- *1 panetto di tofu*
- *1 cucchiaino d'olio di **sesamo***

Tagliate il daikon, la carota e il sedano a piccoli pezzetti, affettate i funghi, lo zenzero e il porro. Adagiateli in un tegame con l'olio e coprite con acqua.

Tappate con un coperchio e, a fuoco basso, lasciate sobbollire per 30 minuti. Una volta che il brodo sarà pronto aggiungete le alghe precedentemente ammollate in acqua fredda, il tofu tagliato a cubetti e lasciate cuocere altri 10 minuti.

A fine cottura, tenendo sempre bassa la fiamma per mantenere integre le sue proprietà, stemperate il miso.

Servite tiepida.

RAMEN ALLE ALGHE E VERZA

- *1,5 l d'acqua*
- *300 g di ossa di maiale*
- *80 g di carote*
- *80 g di cipolla*

- *80 g di patate*
- *80 g di porro*
- *3 spicchi d'aglio*
- *1 cucchiaino di* ***zenzero*** *fresco*
- *2 cucchiai di* ***miso***
- *1 cucchiaino di zucchero di canna*
- *1 cucchiaio di concentrato di pomodoro*
- *100 g di noodles*
- *200 g di pancetta di maiale fresca*
- *1 cipolla*
- *4 cucchiai di salsa di* ***soia***
- *3 cucchiai di sakè*
- *2* ***uova***
- *10 g di* ***germogli di soia***
- *10 g di* ***verza***
- *2 fogli di* ***nori***
- *erba cipollina*
- *olio di semi*

Preparate un brodo mettendo le ossa di maiale e le verdure in acqua fredda e portando il tutto a ebollizione.

Quando inizia a bollire abbassate la fiamma e lasciate cuocere fino a ottenere un brodo molto ristretto.

A fine cottura aggiungete due cucchiai di pasta di miso, il concentrato di pomodoro e lo zucchero. Mescolate e spegnete il fuoco.

In un pentolino con dell'acqua fredda mettete le uova e portatele a ebollizione per 8 minuti.

Fate raffreddare le uova mettendo il pentolino sotto l'acqua corrente.

In un pentolino a parte scaldate quattro cucchiai di salsa di soia e tre di sakè.

Sgusciate le uova sode e mettetele in un sacchetto di plastica per alimenti, ricopritele con la salsa, aggiungete lo zenzero fresco e richiudete il tutto in modo che le uova siano completamente immerse nel liquido. Lasciatele marinare per almeno 2 ore.

Filtrate il brodo e portatelo a ebollizione.

Nel frattempo, in una padella fate rosolare la carne tagliata a tocchetti con poco olio di semi e un goccio di soia. Poi trasferite la carne nel brodo in ebollizione.

In un pentolino cuocete i noodles e adagiateli nelle scodelle da portata.

Aggiungete il brodo filtrato e guarnite con la carne, l'uovo tagliato a metà, i germogli di soia, l'alga nori, la verza tagliata a striscioline e l'erba cipollina.

RIBOLLITA

- *300 g di **cavolo nero***
- *3 carote*
- *2 gambi di sedano*
- *1 cipolla*
- *500 g di **fagioli cannellini** lessati*
- *fette di pane toscano raffermo*
- *rosmarino*
- *4 cucchiai d'**olio EVO***
- *1 l di brodo vegetale*
- *sale*
- *pepe*

Tagliate la cipolla, le carote e il sedano a piccole rondelle e stufate il tutto in poco olio e sale. Unite il cavolo tagliato a striscioline e privato della maggior parte delle venature bianche.

Aggiungete il brodo e i cannellini e aggiustate di sale e pepe.

Lasciate cuocere a fuoco dolce, mescolando spesso.

Aggiungete alla zuppa le fette di pane raffermo, rigorosamente toscano.

Bollite di nuovo questa minestra di pane, preferibilmente il giorno dopo.

Servite la ribollita calda irrorata con un filo d'olio e una spolverata di pepe nero.

SAMBAR DI MORINGA

- *2 cipolle*
- *100 g di* ***lenticchie***
- *2 peperoncini rossi*
- *4 pomodori*
- *2 patate*
- *1 carota*
- *1 ciuffo di coriandolo*
- *1 cucchiaino di semi di senape*
- *2 cucchiai di polpa di tamarindo*
- *4 bastoncini di* ***moringa*** *a pezzi*
- *1 cucchiaio d'olio di semi*

Cuocete le lenticchie fino a sfarle.

Aggiungete due cucchiai di polpa di tamarindo cotta 5 minuti nell'acqua.

Soffriggete le cipolle affettate, i pomodori, le patate, le carote e le spezie in un filo d'olio.

Aggiungete la purea di lenticchie e il tamarindo, poi fate la moringa a pezzi e unitela insieme a due tazze d'acqua. Cuocete a fuoco lento per 30 minuti.

VELLUTATA DI BROCCOLI ALLA CURCUMA E MANDORLE

- *400 g di* ***broccoli***
- *100 ml di* ***yogurt greco***
- *500 ml di brodo vegetale*
- *qualche foglia di timo fresco*
- *1 cucchiaio di* ***curcuma***
- *2 cucchiai d'****olio*** **EVO**
- *1 cucchiaio di* ***mandorle***
- *sale*
- *pepe*

Pulite i broccoli e tagliateli a cimette.

Tostate le mandorle a lamelle.

In una pentola portate a bollore un po' di brodo vegetale, lasciatelo intiepidire e aggiungete i broccoli e la curcuma. Frullate il tutto con un mixer a immersione.

Aggiungete sopra ogni portata una cucchiaiata di yogurt, una spolverata di pepe, le mandorle e qualche foglia di timo fresco.

VELLUTATA DI CAVOLFIORE CON GRANELLA DI NOCI

- *400 g di* ***cavolfiore***
- *100 ml di latte intero*
- *500 ml di brodo vegetale*
- *qualche foglia di dragoncello*
- *1 manciata di gherigli di* ***noce***
- *noce moscata*
- *2 cucchiai d'****olio*** **EVO**

- *sale*
- *pepe*

Pulite il cavolfiore e tagliatelo a cimette.

Tostate le noci spezzettate. In una pentola portate a bollore un po' di brodo vegetale, aggiungete il cavolfiore, la noce moscata e il latte, poi fate rapprendere appena. Frullate il tutto con un mixer a immersione.

Aggiungete un giro d'olio, una spolverata di pepe, le noci e qualche foglia di dragoncello fresco.

VELLUTATA DI PATATA AMERICANA CON COCCO, CURCUMA E ZENZERO

- *1 patata dolce*
- *200 ml di latte di* ***cocco***
- *1 cipolla dorata*
- *1 cucchiaino di* ***curcuma***
- *2 cm di* ***zenzero*** *fresco*
- *1 spicchio d'aglio*
- *2 cucchiai d'****olio EVO***
- *1 lime*
- *sale*
- *pepe*

Preriscaldate il forno a 180 °C, sbucciate la cipolla e la patata americana e tagliatele a dadini.

Infornatele su una teglia rivestita di carta da forno per 20 minuti circa.

In una pentola capiente fate rosolare in due cucchiai d'olio l'aglio schiacciato al coltello.

Versateci 500 ml d'acqua calda e il latte di cocco, poi lo

zenzero tritato. Mescolate e fate cuocere per 30 secondi. Aggiungete la patata dolce e la cipolla cotte al forno, abbassate il fuoco e coprite.

Dopo 20 minuti, con il mixer a immersione frullate tutto fino a ottenere una crema e aggiustate di sale e pepe, aggiungendoci la curcuma.

Servite la vellutata con una spruzzata di succo di lime.

ZUPPA DI CICERCHIE, ROVEJA E CANNELLA

- *300 g di **roveja***
- *300 g di **cicerchie***
- *1 cipolla*
- *1 carota*
- *1 costa di sedano*
- *1 pizzico di cannella*
- *2 foglie di alloro*
- *1 l di brodo vegetale*
- *1 spicchio d'aglio*
- *4 fette di pane toscano abbrustolito*
- *4 cucchiai d'**olio EVO***
- *sale*
- *pepe nero*

Ammollate le cicerchie e la roveja in acqua e lasciatele per tutta la notte.

Scolate i legumi e metteteli in una pentola ricoprendoli con brodo vegetale. Unite le foglie di alloro, la cipolla a spicchietti, l'aglio, la carota a rondelle, la costa di sedano e due cucchiai d'olio.

Mettete il coperchio e bollite per circa 2 ore aggiungendo il sale a metà cottura.

Quando la zuppa è cotta aggiungete pepe e cannella.

Servite con fettunte calde, in un coccio, finendo ogni piatto con olio a crudo e pepe.

ZUPPA DI FARRO E LEGUMI

- *150 g di farro*
- *20 g di **lenticchie gialle***
- *20 g di **fagioli azuki***
- *50 g di **fagiolini con l'occhio***
- *50 g di **fagioli borlotti***
- *50 g di **ceci***
- *4 pomodori ramati maturi*
- *1 spicchio d'aglio*
- *1 rametto di rosmarino*
- *1 rametto di salvia*
- *1 foglia di alloro*
- *peperoncino*
- *1 l d'acqua*
- *2 cucchiai d'**olio EVO***
- *sale*

Lasciate a bagno per una notte i legumi in contenitori separati.

In una pentola capiente soffriggete l'aglio con il rosmarino, la salvia e l'alloro, poi aggiungete i legumi coprendoli d'acqua salata.

Aggiungete i pomodori tagliati a cubetti e fate bollire. In un'altra pentola cuocete il farro.

Aggiungete il farro cotto ai legumi bolliti e unite il peperoncino. Fate insaporire e servite con un giro d'olio a crudo.

ZUPPA DI MISO CON WAKAME E ZENZERO

- *1 porro*
- *15 g di* ***zenzero*** *fresco*
- *70 g di* ***miso di soia***
- *2 cucchiaini di* ***wakame*** *essiccata*
- *1 l d'acqua*
- *1 cucchiaino di salsa di* ***soia***
- ***semi di sesamo***

Bollite l'acqua e spegnete il fuoco, aggiungete il miso e mescolate bene; se diventa troppo denso o salato, aggiungete acqua calda. Riducete lo zenzero a fili e il porro a rondelline, sbriciolate le alghe, aggiungete la salsa di soia e mettete tutto nella zuppa di miso all'ultimo momento, decorando con semi di sesamo.

ZUPPA DELLA SALUTE

- *200 g di* ***piselli*** *freschi*
- *100 g di* ***fagioli rossi***
- *1 fetta di zucca gialla*
- *50 g di* ***cavoletti di Bruxelles***
- *250 g di* ***broccoli***
- *2 spicchi d'aglio*
- *1 porro*
- *1 scalogno*
- *1 l di brodo vegetale*
- *1 cucchiaio di* ***spirulina***
- *1 vasetto di* ***yogurt greco***
- *1 cucchiaino di* ***curcuma***
- *1 cucchiaino di* ***zenzero***

- *1 cucchiaino di paprika*
- *2 cucchiai d'**olio** **EVO***
- *sale*
- *pepe*

In una pentola ampia mettete i legumi già lessati, i broccoli, i cavoletti, la zucca, l'aglio, lo scalogno, il porro, la spirulina, il brodo di verdure e aggiustate di sale e pepe. Fate bollire per 20-30 minuti, fino ad ammorbidire il broccolo.

Mescolate la zuppa, spegnete il fuoco e aggiungete lo zenzero, la curcuma e la paprika. Servite la zuppa con una cucchiaiata di yogurt e un giro d'olio a crudo.

ZUPPA THAI AL LATTE DI COCCO

- *1 l di brodo vegetale*
- *8 code di gamberone*
- *3 cm di **zenzero** fresco*
- *100 g di funghi shiitake freschi*
- *100 g di **kale***
- *3 pomodorini*
- *1 stelo di lemongrass*
- *1 spicchio d'aglio*
- *2 peperoncini freschi*
- *300 ml di latte di **cocco***
- *3 pomodorini*
- *1 cucchiaio di zucchero di canna*
- *1 cucchiaino di salsa di pesce*
- *2 cucchiai di salsa di **soia***
- *1 cucchiaio di succo di lime*
- *40 g di **anacardi***

Preparate un brodo vegetale consistente con tutti gli odori e la lemongrass, filtratelo e aggiungete l'aglio, il peperoncino, lo zenzero tagliato a fiammifero e fate sprigionare tutto il profumo.

Pulite i funghi, metteteli nella pentola, aggiungete i pomodorini e le foglie di kale e bollite ancora per 2 minuti.

Versate il latte di cocco, lo zucchero, la salsa di soia, quella di pesce e il succo di lime. Fate bollire.

Saltate i gamberoni e gli anacardi nella soia e aggiungeteli alla zuppa.

Servite con spicchi di lime.

PIATTI UNICI

AMARANTO CON VERZA E NOCI

- *200 g di **amaranto***
- *100 g di **cavolo verza***
- *1 spicchio d'aglio*
- *1 cucchiaino di **curcuma***
- *1 cucchiaino di **zenzero** tritato*
- *qualche **oliva** taggiasca*
- *1 manciata di **noci** tostate*
- *4 cucchiai d'**olio EVO***
- *1 grattata di scorza di limone*
- ***semi di sesamo***
- *sale*
- *pepe*

Sciacquate l'amaranto in un colino a maglia fine con abbondante acqua fresca, fino a quando questa non apparirà limpida.

Scolate e trasferite in una pentola ben calda.

Fate tostare per 2 minuti, quindi aggiungete circa un litro d'acqua e portate a bollore.

Lasciate cuocere a fiamma media per 20 minuti.

Scolate l'amaranto con un setaccio.

Aggiungete un cucchiaino d'olio e uno di curcuma e mescolate con una forchetta per separare i grani di amaranto e far incorporare aria.

Saltate in olio il cavolo tagliato a striscioline con l'aglio, lo zenzero e le noci. In una insalatiera, mescolate il cavolo saltato con l'amaranto, aggiungete le olive e mescolate ancora.

Condite con olio, sale, pepe e scorza di limone e servite caldo decorando con semi di sesamo.

BAMI GORENG

- *350 g di noodles di frumento*
- *400 g di gamberi*
- *2 cm di **zenzero** fresco*
- *1 cucchiaio di **curcuma***
- *2 cipollotti*
- *1 carota*
- *1 falda di peperone rosso*
- *1 pugno di **fagiolini** freschi*
- *1 stelo di lemongrass*
- *1 lime*
- *3 **uova***
- *1 filetto di pollo*
- *1 spicchio d'aglio*
- *1 peperoncino rosso piccante*
- *4 cucchiai di salsa di **soia***
- *1 pugno di **anacardi***
- *3 cucchiai d'olio di semi di arachidi*

Tritate l'aglio spellato con il peperoncino piccante, tagliate a listarelle la falda di peperone e le carote. Fate a pezzetti i fagiolini e a fettine i cipollotti, lo zenzero e la lemongrass.

Fate saltare tutto in un wok con un cucchiaio d'olio di arachidi e la salsa di soia.

Riducete il pollo a striscioline e saltatelo nel wok.

In una pentola portate a ebollizione abbondante acqua, salatela e versateci la curcuma. Aggiungete i noodles e lasciateli cuocere. Scolateli, raffreddateli sotto l'acqua corrente e conditeli con due cucchiai d'olio.

Sbattete leggermente le uova in una ciotola e preparate una frittata in una padella antiaderente. Fatela raffreddare in un piatto e tagliatela a strisce di circa mezzo centimetro di spessore. Accendete il fuoco sotto al wok, versate i noodles conditi con le verdure, le strisce di frittata, gli anacardi spezzettati grossolanamente e servite con una spruzzata di lime.

BIRYANI DI SALMONE ALLO ZENZERO

- *300 g di filetti di* ***salmone***
- *300 g di riso basmati*
- *1 cucchiaio di* ***zenzero*** *fresco tritato*
- *2 spicchi d'aglio*
- *100 g di* ***yogurt greco***
- *3 cucchiai d'****olio EVO***
- *1 cipolla dorata*
- *1 cucchiaino di garam masala*
- *1 cardamomo*
- *1 peperoncino*
- *3 cucchiai di ghee*
- *1 ciuffo di coriandolo*
- *sale*
- *pepe*

In una ciotola mescolate lo yogurt insieme allo zenzero e al cumino, aggiungete l'aglio schiacciato al coltello e il peperoncino tritato, mescolate gli ingredienti e aggiustate di sale e pepe.

Tagliate il salmone a pezzetti, amalgamateli al composto e fate marinare in frigorifero per 5 ore.

Bollite il riso in acqua salata con l'aggiunta di cumino e cardamomo e, appena è cotto, conditelo con due cucchiai di ghee.

In una padella capiente versate la cipolla tagliata a rondelle e fatela appassire appena con un cucchiaio di ghee.

Aggiungete il pesce con la sua marinata di yogurt e il garam masala e fate cuocere fino a che il liquido non si sarà rappreso.

Servite con basmati e guarnite con foglie di coriandolo.

BUDDHA BOWL DI AMARANTO

- *300 g di **amaranto***
- *1 peperone giallo*
- *2 pomodori*
- *300 g di **piselli** freschi*
- *2 zucchine*
- *1 ciuffetto di **kale***
- *1 pugno di **mandorle***
- *1 cucchiaino di **bacche di goji***
- *1 pugno di **germogli di soia***
- *1 giro d'**olio EVO***
- *250 g di **yogurt greco***
- *sale*

Cuocete i piselli e le zucchine al vapore e grigliate i peperoni, riducendoli a strisce.

Cuocete l'amaranto. In una ciotola, arrangiate tutti gli ingredienti e condite con olio, sale e yogurt.

BUDDHA BOWL DI QUINOA

- *300 g di **quinoa** lessata*
- *1 melanzana piccola*
- *2 pomodori*
- *300 g di **fagioli con l'occhio** lessati*

- *2 carote*
- *30 g di **verza***
- *1 pugno di **anacardi***
- *1 cucchiaino di **ribes***
- *1 pugno di **germogli di soia***
- *1 giro d'**olio EVO***
- *sale*

Grigliate la melanzana a fettine.

Tagliate le carote e il cavolo a fette sottili.

In una ciotola, arrangiate tutti gli ingredienti e condite con olio, sale e decorate con ribes.

CIOTOLA DI CECI, VERZA E KOMBU

- *5 cm di **kombu***
- *200 g di **ceci** secchi*
- *1 scalogno*
- *1 spicchio d'aglio*
- *2 cucchiai d'**olio EVO***
- *300 g di pomodori maturi*
- *100 g di **verza***
- *1 costa di sedano*
- *peperoncino*
- *1 cucchiaio di granella di **mandorle***

Il giorno prima mettete in ammollo i ceci secchi insieme a un pezzo di alga kombu.

Poi prendete una padella, ungetela e fate dorare lo scalogno e l'aglio con il peperoncino.

Unite nella padella anche i ceci scolati con l'alga e fateli insaporire per qualche minuto.

Ricoprite il tutto con dell'acqua e portate a ebollizione.

Tagliate i pomodori in piccoli pezzi e tritate anche il sedano e il cavolo verza.

Aggiungete tutto alla zuppa e coprite facendo cuocere a fuoco basso fino a quando i ceci si ammorbidiscono.

Servite in una ciotola con granella di mandorle.

COUSCOUS DI CAVOLFIORE CRUDO E DULSE

- *1* ***cavolfiore***
- *100 g di* ***ceci*** *cotti*
- *1* ***acciuga***
- *30 g di* ***dulse***
- *finocchiello selvatico*
- *1 manciata di uvetta*
- *qualche pinolo*
- *qualche* ***mandorla***
- *2 cucchiai d'****olio*** **EVO**
- *sale*
- *pepe nero*

Sgranate i fioretti di cavolfiore eliminando tutti i gambi e metteteli in una ciotola.

Mettete a bagno l'alga dulse in acqua per 5 minuti.

Scolatela e tagliatela a listarelle per mescolarla al couscous di cavolfiore.

Aggiungete i ceci cotti e l'acciuga sottolio, unite la frutta secca, l'olio, il sale e il pepe e guarnite con il finocchiello.

COUSCOUS DI POLLO E CAVOLETTI CON ZENZERO, MORINGA E CURCUMA

- *400 g di couscous*
- *200 g di petto di pollo*
- *200 g di* ***cavoletti di Bruxelles***
- *1 porro*
- *3 zucchine piccole*
- *6 pomodorini*
- *1 manciata di* ***mandorle*** *tostate*
- *1 peperoncino*
- *2 cm di* ***zenzero***
- *150 ml di* ***yogurt greco***
- *1 cucchiaio di* ***curcuma***
- *1 cucchiaio di* ***moringa***
- *4 cucchiai d'****olio EVO***
- *1 rametto di menta fresca*
- *sale*

Riducete a tocchetti i petti di pollo e fateli marinare in una ciotola con yogurt, moringa, peperoncino e zenzero.

Mettete tutto in una padella e cuocete.

In due cucchiai d'olio saltate le verdure ridotte a cubettini e i cavoletti a metà e, quando sono pronte, aggiungetele al pollo e salate.

Bollite l'acqua in quantità pari a una volta e mezzo il couscous.

Mettete il couscous in una ciotola capiente con un pizzico di sale, versate l'acqua bollente e la curcuma e coprite per 6 minuti.

Una volta che il couscous sarà pronto, sgranatelo con una forchetta e condite con due cucchiai d'olio e la menta sminuzzata, mescolatelo nella padella con le verdure e il pollo e presentatelo in un vassoio da portata.

COUSCOUS DI VERDURE CON ZENZERO E CURCUMA

- *400 g di couscous*
- *100 g di* ***broccoli***
- *100 g di* ***cavolfiore***
- *50 g di zucca*
- *1 porro*
- *1 melanzana piccola*
- *3 zucchine piccole*
- *400 g di passata di pomodoro*
- *1 manciata di* ***mandorle*** *tostate*
- *1 manciata di uva passa*
- *1 peperoncino*
- *2 cm di* ***zenzero***
- *1 cucchiaio di* ***curcuma***
- *4 cucchiai d'****olio EVO***
- *1 rametto di menta fresca*
- *sale*

In due cucchiai d'olio saltate le verdure ridotte a cubettini, il peperoncino, lo zenzero e il sale. Poi aggiungete la passata di pomodoro, le mandorle e l'uva passa rinvenute in acqua tiepida, e finite di cuocere. Se è troppo denso, aggiungete brodo vegetale.

Bollite l'acqua in quantità pari a una volta e mezzo il couscous.

Mettete il couscous in una ciotola capiente con un pizzico di sale, versate l'acqua bollente e la curcuma e coprite per 6 minuti.

Una volta che il couscous sarà pronto, sgranatelo con una forchetta e condite con due cucchiai d'olio e la menta sminuzzata. Servite le verdure in una ciotola a parte e versatele individualmente.

CURRY VERDE AL LATTE DI COCCO E POLLO

- *200 g di riso basmati*
- *300 g di petto di pollo*
- *2 cucchiaini di curry verde*
- *200 ml di latte di* ***cocco***
- *1 cucchiaino di succo di lime*
- *1 stelo di lemongrass*
- *1 cucchiaio di* ***zenzero*** *fresco grattugiato*
- *coriandolo tritato*
- *3 cucchiai d'olio di semi*
- *1 pugno di* ***anacardi***
- *sale*
- *pepe*

Cuocete il riso.

Prendete i petti di pollo e fateli a tocchi. Lasciateli marinare nel latte di cocco, con lemongrass a fettine e lime.

In un tegame, tostate la pasta di curry verde con un filo d'olio, aggiungete lo zenzero grattugiato e il pollo con la sua marinatura.

Salate e mescolate delicatamente, coprite e lasciate cuocere per qualche minuto.

Appena il latte di cocco si rapprende, spegnete e cospargete di coriandolo tritato. Servite con basmati e anacardi.

DAHL AL CURRY

- *500 g di* ***lenticchie*** *gialle decorticate e lessate*
- *500 ml d'acqua o brodo di verdure*
- *2 cucchiai d'olio di semi*
- *3 cm di* ***zenzero*** *fresco*

- *1 cucchiaio di **curcuma***
- *1 cucchiaino di curry*
- *1 cucchiaio di foglie di coriandolo tritate*
- *1 pizzico di pepe nero*
- *1 carota*
- *sale*

Tritate al coltello la carota e lo zenzero e fateli rosolare in una padella con un cucchiaio d'olio di semi. Nel frattempo, versate in una pentola capiente mezzo litro d'acqua oppure di brodo di verdure, e portate a ebollizione. Unite le lenticchie, la curcuma, il curry, il coriandolo tritato e un pizzico di pepe nero.

Mescolate e fate cuocere a fiamma media per circa 10 minuti.

Versate le lenticchie speziate nella padella in cui avete preparato lo zenzero e la carota. Servite con chapati.

FALAFEL DI CECI FRITTI

- *100 g di **ceci** lessi*
- *1 cipolla rossa*
- *1 spicchio d'aglio*
- *1 cucchiaino di coriandolo in polvere*
- *1 cucchiaino di cumino in polvere*
- *qualche foglia di menta*
- *1 cucchiaio di pangrattato*
- *olio di semi*
- *4 pite*
- *2 cucchiai di **tahini***
- *1 limone*
- *2 cucchiai di **yogurt greco***
- *erba cipollina*
- *pomodori*

- *50 g di* ***cavolo cappuccio bianco***
- *20 g di* ***cavolo cappuccio rosso***
- *sale*
- *pepe*

Frullate i ceci grossolanamente con l'aglio privato dell'anima, la cipolla sminuzzata, le spezie, la menta, un pizzico di sale e di pepe. Aggiungete il pangrattato per dare compattezza. Bagnate le mani e formate delle polpettine schiacciate.

In un recipiente grande e profondo portate l'olio a temperatura e friggete i falafel fino a doratura.

Servite i falafel dentro le pite con i cavoli a striscioline, il pomodoro e la cipolla crudi a fette e condite con una salsa a base di yogurt greco ed erba cipollina e salsa tahini diluita con limone.

FALAFEL DI FAVE AL FORNO

- *100 g di* ***fave*** *intere secche*
- *1 cipolla rossa*
- *1 spicchio d'aglio*
- *1 cucchiaino di coriandolo in polvere*
- *1 cucchiaino di cumino in polvere*
- *1 mazzetto di prezzemolo fresco*
- *1 cucchiaio di pangrattato*
- *olio di semi*
- *4 pite*
- *2 cucchiai di* ***tahini***
- *1 limone*
- *2 cucchiai di* ***yogurt greco***
- *erba cipollina*
- *pomodori*

- *50 g di* ***cavolo cappuccio bianco***
- *20 g di* ***cavolo cappuccio rosso***
- *sale*
- *pepe*

Lavate le fave secche e lasciatele tutta la notte in ammollo in acqua fredda cambiandola un paio di volte. Lessatele per 90 minuti, scolatele bene e frullatele grossolanamente con l'aglio privato dell'anima, la cipolla sminuzzata, le spezie, il prezzemolo, un pizzico di sale e di pepe.

Aggiungete il pangrattato per dare compattezza.

Preriscaldate il forno a 180 °C.

Bagnate le mani, formate delle polpettine schiacciate e disponetele sulla teglia ricoperta di carta da forno. Cuocete fino a doratura.

Servite i falafel dentro le pite con i cavoli a striscioline, il pomodoro e la cipolla crudi a fette e condite con una salsa a base di yogurt greco ed erba cipollina e salsa tahini diluita con limone.

FASOLADA

- *200 g di* ***fagioli cannellini*** *lessati*
- *2 carote*
- *1 costa di sedano*
- *1 cipolla bionda tritata*
- *1 peperoncino tritato*
- *1 foglia di alloro*
- *4 cucchiai d'****olio evo***
- *400 g di passata di pomodoro*
- *sale*
- *pepe nero*

Fate appassire in una pentola con l'olio la cipolla, il sedano, la carota e l'alloro tritati. Aggiungete i fagioli e due bicchieri d'acqua.

Diluite la passata di pomodoro in poca acqua calda e versatela sui fagioli.

Coprite e lasciate cuocere per insaporire. Aggiustate di sale e aggiungete il peperoncino.

Macinate del pepe nero e servite con un giro d'olio.

FAVE E CICORIA

- *200 g di **fave** secche decorticate*
- *1 patata*
- *500 g di cicorietta selvatica*
- *4 cucchiai d'**olio EVO***
- *sale*
- *pepe*

Mondate le fave da eventuali impurità, sciacquatele e mettetele in un coccio. Aggiungete la patata sbucciata e tagliata a dadini e copritele d'acqua fredda.

Mettete la casseruola sul fuoco e, quando bolle, abbassate la fiamma al minimo e fate formare la schiuma. Scolate, rimettete fave e patate nella casseruola e copritele d'acqua pulita in ebollizione che sopravanzi di due dita.

Salate, mettete il coperchio e proseguite la cottura per circa 2 ore, a fuoco dolce e senza mescolare.

A cottura ultimata aggiungete sale e pepe e battete energicamente il composto con un cucchiaio di legno, unendo due cucchiai d'olio per creare una purea densa ma granulosa.

Mondate e lavate la cicoria e lessatela in abbondante acqua

salata in ebollizione. Scolatela ancora al dente, aggiungete sale e pepe e tenetela in caldo.

Distribuite la purea caldissima nei singoli piatti con accanto la verdura, insaporite la cicoria con un filo d'olio e una macinata di pepe e servite subito.

FEIJOADA

- *400 g di lonza di maiale tagliata a pezzi*
- *150 g di salsiccia affumicata*
- *600 g di **fagioli neri***
- *250 g di manzo*
- *250 g di pancetta affumicata tagliata a dadini*
- *2 cucchiai d'**olio EVO***
- *2 cipolle tritate*
- *3 pomodori tagliati a cubetti*
- *2 peperoncini tagliati a pezzettini*
- *aglio*
- *sale*
- *pepe*

Dopo averli lavati con cura, lasciate per una notte intera i fagioli a bagno.

Fate cuocere per un'ora i fagioli in abbondante acqua insieme alla lonza, al manzo e alla salsiccia tagliati a pezzi.

In una padella con due cucchiai d'olio, soffriggete cipolla, aglio, peperoncino e pancetta affumicata.

Dopo qualche minuto, aggiungete prima il brodo di cottura dei fagioli e poi i cubetti di pomodoro.

Unite ai fagioli il soffritto, un bicchiere d'acqua e regolate di sale e pepe. Servite caldissima.

FESENJAN

- *1 cipolla*
- *3 cucchiai d'**olio EVO***
- *2 **melagrane***
- *250 g di gherigli di **noci***
- *500 g di petto di pollo*
- *450 ml di brodo*
- *1 cucchiaio di zucchero mascobado*
- *1 cucchiaio di **curcuma***
- *1 pizzico di cannella*
- *1 pizzico di noce moscata*
- *200 g di riso*
- *pepe nero*
- *sale*

Tostate i gherigli di noce in una padella a fiamma vivace, poi fateli raffreddare e tritateli finemente e metteteli da parte.

In una padella capiente, scaldate l'olio e rosolate appena la cipolla tritata, poi aggiungete il pollo tagliato a pezzetti e fatelo dorare.

Versate il brodo nella padella e, quando inizia a bollire, abbassate il fuoco e lasciate cuocere il pollo, aggiungendo sale, pepe, cannella e noce moscata, fino a quando il brodo è evaporato.

Aggiungete poi le noci tritate, il succo di melagrana appena estratto, la curcuma, lo zucchero, aggiustate di sale e pepe e fate rapprendere la salsina.

Servite il piatto caldo, accompagnato da riso alla curcuma e chicchi di melagrane.

GATEAU DI PATATE E CAVOLFIORE ALLA CURCUMA

- *300 g di patate*
- *300 g di* ***cavolfiore***
- *3* ***uova***
- *1 cucchiaio di* ***curcuma***
- *2 cucchiai di parmigiano grattugiato*
- *150 g di mozzarella fiordilatte*
- *50 g di burro*
- *100 g di prosciutto cotto*
- *2 cucchiai di pangrattato*
- *sale*
- *noce moscata*
- *pepe nero*

Sbucciate le patate e riducete il cavolfiore a pezzi e cuocete tutto al vapore. Preriscaldate il forno a 200 °C. Quando le patate e il cavolfiore sono pronti, schiacciateli caldi in una ciotola con lo schiacciapatate. Aggiungete la curcuma, il sale, il pepe, il burro e la noce moscata e mescolate. Aggiungete il parmigiano e le uova e amalgamate tutto.

In una teglia foderata di carta da forno, versate la metà dell'impasto, poi copritela con le fette di prosciutto e la mozzarella tagliata a pezzetti.

Versate il resto dell'impasto, compattate con le mani e spolverate con pangrattato. Infornate fino a doratura.

INSALATA CON MIRTILLI, GERMOGLI, GORGONZOLA E NOCI

- *200 g di* ***mirtilli***
- *200 g di* ***germogli di legumi***

- *100 g di gorgonzola piccante*
- *10 gherigli di* ***noce***
- *4 cucchiai d'****olio EVO***
- *1 cucchiaio di succo di limone*
- *sale*
- *pepe*

Lavate i mirtilli e i germogli di legumi, tostate in un padellino le noci e tagliate a cubetti il gorgonzola.

Mescolate tutto in un'insalatiera condendo con sale, pepe, succo di limone e olio.

INSALATA DI AMARANTO, MANDORLE E CAPPUCCIO ROSSO

- *200 g di* ***amaranto***
- *100 g di* ***cavolo cappuccio rosso***
- *4 pomodori ramati*
- *1 cucchiaino di* ***curcuma***
- *1 cucchiaino di* ***zenzero*** *tritato*
- *1 manciata di* ***mandorle*** *tostate*
- *4 cucchiai d'****olio EVO***
- *1 cucchiaio di succo di limone*
- *sale*
- *pepe*

Sciacquate l'amaranto in un colino a maglia fine con abbondante acqua fresca fino a quando questa non apparirà limpida. Scolate e trasferite in una pentola ben calda. Fate tostare per 2 minuti, quindi aggiungete circa un litro d'acqua e portate a bollore. Lasciate cuocere a fiamma media per 20 minuti.

Scolate l'amaranto con un setaccio. Aggiungete un cucchiaino d'olio e uno di curcuma e mescolate con una forchetta per separare i grani di amaranto e far incorporare aria. Lasciate riposare in frigorifero per bloccare la cottura.

In un'insalatiera, mescolate con l'amaranto lo zenzero, le mandorle e i pomodori a tocchetti, aggiungete il cavolo tagliato a striscioline e mescolate ancora.

Condite con olio, sale, pepe e succo di limone.

INSALATA DI CAVOLFIORE E SGOMBRO ALLA CURCUMA

- *1 **cavolfiore***
- *1 manciata di cetriolini in agrodolce*
- *2 cucchiai di cipolline sottaceto*
- *2 filetti di **sgombro** affumicato*
- *1 cucchiaio di **curcuma***
- *qualche cappero*
- *4 cucchiai d'**olio EVO***
- *1 cucchiaio di succo di limone*
- *1 ciuffo di aneto fresco*
- *pepe macinato*
- *sale*

Cuocete a vapore i fioretti di cavolfiore. Preparate un condimento mescolando l'olio con la curcuma, il limone, il sale, il pepe e l'aneto. In un'insalatiera capiente, versate il cavolfiore e l'olio alla curcuma e mescolate.

Unite i filetti di sgombro a pezzettoni, i capperi, i cetriolini tagliati a tocchetti e le cipolline. Mescolate delicatamente il tutto e servite.

INSALATA DI PATATE E SALMONE ALLA CURCUMA E GOJI

- *6 patate medie*
- *1 manciata di cetriolini in agrodolce*
- *2 cucchiai di cipolline sottaceto*
- *1 manciata di capperi*
- *300 g di* ***salmone*** *affumicato*
- *1 cucchiaio di* ***curcuma***
- *4 cucchiai d'****olio EVO***
- *1 cucchiaio di succo di limone*
- *1 cucchiaio di* ***yogurt greco***
- *1 ciuffo di aneto fresco*
- ***bacche di goji***
- *pepe macinato*
- *sale*

Bollite le patate e, quando sono fredde, riducetele a cubetti. Preparate un condimento mescolando l'olio con la curcuma, il limone, il sale, il pepe e l'aneto.

In un'insalatiera capiente, versate le patate, lo yogurt e l'olio alla curcuma e mescolate. Unite il salmone a pezzetti, i capperi, i cetriolini tagliati a tocchetti e le cipolline. Mescolate delicatamente il tutto e servite decorando con goji e aneto.

INSALATA DI PAPAYA, KALE E GAMBERONI

- *8 gamberoni*
- *1 lime*
- *½* ***papaya*** *non troppo matura*
- *200 g di* ***kale***
- *olio di* ***sesamo***

- ***semini***
- ***gomasio***

Fate saltare i gamberoni in una padella con poco olio e i semi di sesamo.

Sbucciate e tagliate a dadini la papaya. Tagliate a fettine il lime. Lavate e tagliate a pezzetti piccoli il kale.

Disponete tutti gli ingredienti su un piatto, condite l'insalata con il succo di mezzo lime, l'olio di sesamo, il sale, il pepe e semi vari.

INSALATA DI POLLO CON CURCUMA E YOGURT

- *300 g di petto di pollo*
- *1 cespo di insalata romana*
- *1 cucchiaio di* ***curcuma***
- *150 ml di* ***yogurt greco***
- *6 pomodorini ciliegini*
- *1 manciata di* ***olive nere***
- *1 ciuffo di aneto*
- *2 cucchiai d'****olio EVO***
- *sale*
- *pepe nero*

Mondate l'insalata, lavatela e asciugatela.

Cuocete il pollo a vapore rotolandolo prima nella curcuma.

In una ciotolina, mescolate la curcuma con lo yogurt e l'olio, aggiungendo sale, pepe e aneto.

Lasciate raffreddare il pollo e tagliatelo a striscioline.

In un'insalatiera, spezzettate grossolanamente con le mani l'insalata, aggiungete i pomodorini tagliati in quattro, il pollo e le olive nere, versatevi lo yogurt alla curcuma e mescolate.

INSALATA DI QUINOA, FAVE, SALMONE E YOGURT GRECO

- *300 g di **quinoa***
- *200 g di **fave** fresche pulite*
- *150 g di **salmone** affumicato*
- *250 g di **yogurt greco***
- *1 ciuffo di menta*
- *1 cipollina*
- *4 cucchiai d'**olio EVO***
- *1 cucchiaio di succo di limone*
- *sale*
- *pepe*

Lavate la quinoa per eliminare ogni traccia della saponina amara che la ricopre e cuocetela in un pentolino con il doppio del suo volume d'acqua. Scolatela e mettetela in frigo per bloccare la cottura.

Pulite le fave, tagliate il salmone affumicato a striscioline, sminuzzate la menta e affettate la cipollina.

Mettete tutto in un'insalatiera, mescolate con la quinoa e condite con yogurt, olio, sale, pepe e limone.

INSALATA DI RISO CON FETA, AVOCADO E MELAGRANA

- *400 g di riso superfino*
- *1 cucchiaio di **curcuma***
- *3 cucchiai di mais lessato*
- *1 falda di peperone*
- *6 pomodorini ciliegini*
- *1 **avocado***

- *100 g di feta*
- *4 cucchiai d'***olio EVO**
- *1 ciuffo di menta*
- *1 lime*
- *chicchi di* ***melagrana***
- *sale*
- *pepe*

Fate cuocere il riso, scolatelo e passatelo sotto l'acqua fredda per bloccare la cottura.

In una ciotolina, sciogliete la curcuma con un goccio d'acqua e aggiungete l'olio, il sale e il pepe. Mettete il riso in un recipiente e conditelo con questo miscuglio.

Tagliate a cubetti l'avocado e irroratelo subito con il succo di un lime, tagliate i pomodorini in quattro e la falda di peperone crudo in listarelle. Versateli in una ciotola capiente insieme al mais e alla feta.

Condite il riso con questi ingredienti, aggiungete i chicchi di melagrana e conservate in frigorifero fino al momento di servire, guarnendo con menta fresca.

INVOLTINI DI CAVOLO NERO CON CREMA DI LENTICCHIE ALLA CURCUMA

- *8 foglie grandi di* ***cavolo nero***
- *300 g di* ***lenticchie*** *di Castelluccio*
- *1 cucchiaio di* ***yogurt greco***
- *1 cucchiaino di* ***curcuma***
- *1 spicchio d'aglio*
- *1 foglia di alloro*
- *1 ciuffetto di salvia*
- *1 rametto di rosmarino*

- *1 limone*
- *2 cucchiai d'***olio EVO**
- *sale*
- *pepe*

Lasciate a mollo in acqua 300 g di lenticchie di Castelluccio per 2 ore.

Dopo averle scolate, cuocetele in acqua bollente con un cucchiaio d'olio, l'aglio vestito, una foglia di alloro, qualche foglia di salvia, un rametto di rosmarino, il sale e il pepe.

Dopo circa 20 minuti dovrebbero essere morbide, assaggiate per accertarvene.

Scolate, eliminate aglio, alloro e salvia, e frullate le lenticchie con un cucchiaio di yogurt greco, un cucchiaino colmo di curcuma e un cucchiaio d'olio. Si formerà una crema abbastanza consistente, quindi aggiustate di sale e pepe.

Preriscaldate il forno a 200 °C.

Scottate le foglie di cavolo, scolatele bene e farcitele con la crema di lenticchie, arrotolandole su se stesse.

In una pirofila disponete gli involtini e passateli per 8 minuti al forno. Serviteli caldi con uno spicchio di limone da spruzzare sopra.

KAMALA PHOOLKOPI

- *1* ***cavolfiore*** *medio*
- *5 patate*
- *1 cipolla bianca*
- *2 arance*
- *4 peperoncini verdi dolci*
- *2 cucchiaini di* ***curcuma***
- *1 cucchiaino di* ***zenzero*** *fresco grattugiato*

- *1 peperoncino fresco*
- *1 cucchiaino di garam masala*
- *1 cucchiaino di cumino*
- *1 cucchiaino di zucchero di canna*
- *2 foglie di alloro*
- *3 cucchiai d'olio di semi di girasole*
- *sale*

Tagliate il cavolfiore in fioretti, sbucciate e fate a tocchi le patate, poi mescolate tutto in una ciotola con la curcuma. Soffriggete queste verdure in un tegame a fondo spesso con l'olio.

Aggiungete due foglie di alloro, il cumino e lo zenzero. Poi aggiungete un pochino d'acqua.

Levate momentaneamente dal tegame il cavolfiore e le patate.

Affettate la cipolla e fatela soffriggere nel tegame, aggiungendo il garam masala, il peperoncino e lo zucchero. Rimettete le verdure nella pentola e mescolate, facendo cuocere tutto a fuoco dolce.

Se si rapprende troppo, aggiungete altra acqua.

Pelate due arance a vivo e aggiungete gli spicchi nel tegame, con un po' di sale.

Unite i peperoncini verdi tagliati a rondelle e lasciate cuocere.

Servite caldo con fette d'arancia per guarnire.

KHACHAPURI ARMENO

Per la pida:

- *300 g di farina*

- *1 cucchiaino di sale*
- *1 bustina di lievito*
- *1 tazza d'acqua calda*
- *1 pizzico di zucchero*
- *3 cucchiai d'**olio EVO***

Per il ripieno:
- *200 g di emmental*
- *1 **uovo***
- *sale*

Mescolate la farina con il lievito che scioglierete in un bicchiere d'acqua e zucchero.

Aggiungete l'olio a filo e il sale, e impastate. Fate riposare per un'ora.

Preriscaldate il forno a 200 °C.

Sulla spianatoia lavorate rapidamente la pasta con il matterello e formate una sorta di base per pizza a forma di mandorla. Trasferitela sulla leccarda rivestita di carta da forno, disponete sopra il formaggio e delicatamente rompete un uovo al centro. Infornate fino a quando prende colore e l'uovo è cotto.

MEDAGLIONI DI CECI ALLE ALGHE E TOFU

- *200 g di **ceci** cotti*
- *1 **uovo***
- *5 g di **dulse***
- *5 g di **wakame***
- *100 g di **tofu***
- *1 cucchiaino di **zenzero** grattugiato*
- *1 ciuffo di prezzemolo*
- *4 cucchiai d'olio di semi*

- *4 cucchiai di maizena*
- *sale*
- *pepe*

Riducete i ceci in purea e conditeli con olio e prezzemolo. Aggiungete le alghe a fiocchi e cubettini piccoli di tofu, lo zenzero grattugiato, il sale e il pepe e amalgamate tutto con l'uovo.

Portate l'olio a temperatura. Fate delle palline con le mani, schiacciatele, infarinatele e friggetele fino a doratura.

NIGIRI DI FRITTATA

Per il gari:
- *100 g di **zenzero** fresco*
- *50 ml di aceto*
- *20 ml acqua*
- *20 g di zucchero semolato*
- *1 cucchiaio di mirin*
- *1 pizzico di sale*

Per la frittata:
- *3 **uova***
- *erba cipollina*
- *salsa di **soia***
- *wasabi e gari per servire*

Sbucciate lo zenzero, tagliatelo a fettine molto sottili e salatelo. Immergete le fettine di zenzero in una ciotola d'acqua e lasciatele a bagno per 12 ore.

Scolate lo zenzero e scottatelo appena in una padella, poi risciacquatelo sotto l'acqua corrente.

Scottatelo nuovamente per un minuto e scolatelo.

Mettete in un pentolino l'acqua, l'aceto, lo zucchero e il sale, e scaldate fino a sciogliere lo zucchero.

Mettete lo zenzero in un barattolo di vetro a chiusura ermetica e versateci sopra lo sciroppo. Chiudete il barattolo e lasciate riposare per usarne qualche fettina con il nigiri.

Cuocete il riso a vapore e fatelo raffreddare. Unite il mirin al riso e mescolate.

Bagnate le mani nell'acqua tiepida, prendete del riso e formate delle polpettine oblunghe premendo delicatamente. Sbattete le uova con il sale e un goccio di mirin e fate delle frittatine. Tagliate la frittata a piccoli rettangoli e avvolgeteci il riso chiudendolo con un filo di erba cipollina.

Servite con soia, gari e wasabi.

NIGIRI DI SALMONE

Per il gari:

- *100 g di **zenzero** fresco*
- *50 ml di aceto*
- *20 ml acqua*
- *20 g di zucchero semolato*
- *1 cucchiaio di mirin*
- *1 pizzico di sale*

Per il nigiri:

- *50 g di filetti di **salmone** fresco precedentemente abbattuti*
- *salsa di **soia***
- *wasabi e gari per servire*

Sbucciate lo zenzero, tagliatelo a fettine molto sottili e salatelo. Immergete le fettine di zenzero in una ciotola d'acqua e lasciatele a bagno per 12 ore.

Scolate lo zenzero e scottatelo appena in una padella, poi risciacquatelo sotto l'acqua corrente.

Scottatelo nuovamente per un minuto e scolatelo.

Mettete in un pentolino l'acqua, l'aceto, lo zucchero e il sale, e scaldate fino a sciogliere lo zucchero.

Mettete lo zenzero in un barattolo di vetro a chiusura ermetica e versateci sopra lo sciroppo.

Chiudete il barattolo e lasciate riposare per usarne qualche fettina con il nigiri.

Cuocete il riso a vapore e fatelo raffreddare. Unite il mirin al riso e mescolate.

Bagnate le mani nell'acqua tiepida, prendete del riso e formate delle polpettine oblunghe premendo delicatamente.

Tagliate sottilmente il filetto di salmone.

Posate con delicatezza le fette avvolgendo la superficie della polpettina e servite con soia, gari e wasabi.

NIGIRI DI SGOMBRO

Per il gari:

- *100 g di **zenzero** fresco*
- *50 ml di aceto*
- *20 ml acqua*
- *20 g di zucchero semolato*
- *1 cucchiaio di mirin*
- *1 pizzico di sale*

Per il nigiri:

- *50 g di filetti di **sgombro** fresco precedentemente abbattuti*
- *salsa di **soia***
- *wasabi*

Sbucciate lo zenzero, tagliatelo a fettine molto sottili e salatelo. Immergete le fettine di zenzero in una ciotola d'acqua e lasciatele a bagno per 12 ore.

Scolate lo zenzero e scottatelo appena in una padella, risciacquatelo sotto l'acqua corrente.

Scottatelo nuovamente per un minuto e scolatelo.

Mettete in un pentolino l'acqua, l'aceto, lo zucchero e il sale, e scaldate fino a sciogliere lo zucchero.

Mettete lo zenzero in un barattolo di vetro a chiusura ermetica, versateci sopra lo sciroppo.

Chiudete il barattolo e lasciate riposare per usarne qualche fettina con il nigiri.

Cuocete il riso a vapore e fatelo raffreddare. Unite il mirin al riso e mescolate.

Bagnate le mani nell'acqua tiepida, prendete del riso e formate delle polpettine oblunghe premendo delicatamente. Tagliate lo sgombro in fette sottili con un coltello di ceramica.

Posate gentilmente la fettina di pesce crudo avvolgendo la superficie della polpettina e servite con soia, gari e wasabi.

PAELLA CON ZENZERO, CURCUMA E MANDORLE

- *300 g di riso superfino*
- *100 g di petto di pollo*
- *100 g di lonza di maiale tagliata a cubetti*
- *3 salsicce*
- *4 scampi*
- *50 g di calamari*
- *8 cozze*
- *1 peperone giallo*
- *1 cucchiaio di **zenzero** fresco tritato*

- *50 g di **piselli** freschi sgranati*
- *20 g di **fagiolini** freschi*
- *8 pomodorini*
- *1 cipolla*
- *2 spicchi d'aglio tritati*
- *4 cucchiai d'**olio EVO***
- *1 noce di burro*
- *2 bustine di zafferano*
- *1 cucchiaio di **curcuma***
- *1 manciata di **mandorle***
- *1 l di brodo*
- *prezzemolo fresco tritato*
- *sale*
- *pepe*

Preriscaldate il forno a 180 °C.

Pulite il pesce da ogni impurità, lasciando interi gli scampi.

Scaldate in una paellera olio e burro e aggiungete la cipolla a fettine, le salsicce a tocchi, il pollo e la lonza tagliati a pezzetti.

Dopo avere fatto rosolare il tutto, unite lo zenzero e le mandorle a lamelle, i pomodorini tagliati in quattro, i fagiolini e i calamari a striscioline, mescolando bene con un cucchiaio di legno.

Unite anche l'aglio e fate cuocere, a recipiente coperto, per 7 minuti a fuoco basso.

Aggiustate di sale e pepe e aggiungete il prezzemolo, i piselli e il peperone a pezzi.

Versate il riso e le cozze pulite. Mescolate tutti gli ingredienti, distribuite lo zafferano e la curcuma, e coprite con brodo caldo.

Adagiate sopra gli scampi, grattandoci appena lo zenzero e salateli. Coprite con carta stagnola.

Mettete in forno a 180 °C per circa 15-16 minuti. Assaggiate per verificare la cottura del riso.

Controllate che l'acqua di cottura si sia ben assorbita colorando il riso e che si sia formata una crosticina ai bordi della pentola. Portate in tavola la paella nella sua paellera di cottura.

PALAK PANEER

- *1 pugno di spinaci cotti*
- *200 g di paneer*
- *1 peperoncino*
- *1 cipolla media*
- *1 cucchiaio di concentrato di pomodoro*
- *1 spicchio d'aglio*
- *1 pizzico di cannella*
- *2 cucchiai di* ***zenzero*** *fresco tritato*
- *125 ml di* ***yogurt greco***
- *1 chiodo di garofano*
- *2 semi di cardamomo*
- *1 cucchiaino di* ***curcuma***
- *2 cucchiaini di ghee*
- *1 cucchiaino di garam masala*
- *qualche seme di cumino*
- *sale*

Tagliate il paneer in pezzi di media dimensione. Fate marinare per un'ora con zenzero, curcuma e yogurt.

Fate rosolare il paneer con un cucchiaino di ghee o d'olio di semi.

Frullate una cipolla con gli spinaci cotti.

Aggiungete il concentrato di pomodoro, l'aglio schiacciato e privato dell'anima, un cucchiaino di zenzero tritato, il garam masala, il peperoncino, la cannella, il chiodo di garofano, il cumino e il cardamomo.

Mettete il composto di spinaci in una pentola con un cucchiaino d'olio di semi o di ghee, aggiungete il paneer marinato e mescolate.

Cuocete per 20 minuti aggiungendo un bicchiere d'acqua.

Servite con riso basmati.

POLPETTE DI QUINOA E CECI CON INSALATA CALDA

- *100 g di **quinoa***
- *300 g di **ceci** lessati*
- *1 carota*
- *2 cucchiaini di **curcuma** in polvere*
- *qualche foglia di menta*
- *3 pomodorini*
- *1 cipolla*
- *1 cespo di indivia*
- *100 g di **cavolo verza***
- *50 g di **cavolo cappuccio rosso***
- *50 g di **germogli di soia** freschi*
- *1 manciata di **mandorle** tagliate a lamelle*
- *3 cucchiai d'olio di semi di girasole*
- *1 cucchiaio di salsa di **soia***
- *peperoncino*
- *sale*

Sciacquate la quinoa, mettetela in una pentola con 300 ml d'acqua e fate cuocere per 12 minuti con il coperchio. Quando è pronta, spegnete il fuoco e lasciate il coperchio, sigillato da un canovaccio, per 5 minuti. Mentre la quinoa cuoce, tagliate le verdure a cubettini, poi saltate la cipolla, i pomodorini e la carota in un goccio d'olio. In una ciotola schiacciate la metà dei ceci con la quinoa, il sale, la curcuma, il peperoncino e la menta fresca sminuzzata, aggiungetevi i cubetti di verdure e i restanti ceci interi e mescolate. Preriscaldate il forno e ricavate delle polpette. Adagiatele su una teglia da forno unta e infornate a 180 °C per 20 minuti. Intanto, saltate appena il cavolo rosso, i germogli di soia, l'indivia e le lamelle di mandorle con un goccio d'olio e la salsa di soia.

Servite le polpette con l'insalata calda.

POLPETTONE GENOVESE ALLA CURCUMA

- *8 patate gialle*
- *300 g di **fagiolini** freschi*
- *1 spicchio d'aglio*
- *4 cucchiai di parmigiano grattugiato*
- *1 **uovo***
- *1 cucchiaio di **curcuma***
- *1 rametto di maggiorana fresca*
- *10 g di funghi secchi*
- *3 cucchiai d'**olio EVO***
- *noce moscata*
- *sale*
- *pepe nero*

Cuocete le patate sbucciate e i fagiolini mondati al vapore. Lasciate rinvenire i funghi in acqua tiepida.

In una ciotola capiente schiacciate le patate con la curcuma. Aggiungete i fagiolini insieme all'olio e allo spicchio d'aglio tagliato al coltello.

Poi unite l'uovo, i funghi spezzettati, il parmigiano, qualche foglia di maggiorana, il sale, il pepe e la noce moscata.

In una teglia foderata con carta da forno, versate l'impasto compattandolo con le mani e realizzando decori in superficie con i rebbi della forchetta. Infornate fino a doratura.

POWER BOWL CON KALE, MIRTILLI, SEMI, TOFU E QUINOA

- *1 pugno di **quinoa** bollita*
- *10 **mirtilli***
- *200 g di **tofu***
- *100 g di **kale***
- *10 **mandorle***
- *2 cucchiai d'**olio EVO***
- *1 cucchiaio di aceto di mele*
- *sale*

In una ciotola, mescolate tutti gli ingredienti con il tofu a quadrettini e condite con olio, sale e aceto di mele.

QUINOA CON ARAME, WAKAME E BACCHE DI GOJI

- *1 bicchiere di **quinoa***
- *1 peperone*
- *1 pugno di **piselli** freschi*
- *1 pugno di **ceci** lessati*
- *1 cipollotto*
- *8 pomodorini ciliegini*
- *3 cm di **zenzero***
- *1 peperoncino fresco*
- *1 limone*

- *10 g di* ***arame***
- *10 g di* ***wakame***
- *2 cucchiai di* ***bacche di goji***
- *3 cucchiai d'****olio EVO***
- ***gomasio***

Lavate la quinoa per eliminare ogni traccia della saponina amara che la ricopre e cuocetela in un pentolino con il doppio del suo volume d'acqua.

Tagliate i pomodori a tocchetti e saltateli con i piselli in padella con l'olio e il cipollotto, aggiungendo sale, peperoncino e lo zenzero fresco ridotto a lamelle. Spegnete e aggiungete i ceci precedentemente lessati. Scolate la quinoa e unitela ai piselli. Mescolate bene, condite con succo di limone, gomasio e olio e aggiungete le alghe in fiocchi. Guarnite con bacche di goji e un giro d'olio a crudo. Fate raffreddare e servite.

QUINOA CON VERDURE PICCANTI E SEMINI

- *1 bicchiere di* ***quinoa***
- *1 peperone*
- *1 patata*
- *1 pugno di* ***piselli*** *freschi*
- *1 pugno di* ***ceci*** *lessati*
- *1 melanzana lunga*
- *1 carota*
- *1 zucchina*
- *1 cipollotto*
- *8 pomodorini ciliegini*
- *3 cm di* ***zenzero***
- *1 peperoncino fresco*
- *1 pugno di* ***mandorle*** *pelate*

- *1 pugno di* ***semini***
- *1 ciuffo di basilico*
- *3 cucchiai d'****olio evo***
- *sale*

Lavate la quinoa per eliminare ogni traccia della saponina amara che la ricopre e cuocetela in un pentolino con il doppio del suo volume d'acqua.

Tagliate le verdure a tocchetti e saltatele in padella con i piselli e l'olio, aggiungendo sale, peperoncino e zenzero fresco ridotto a lamelle. Quando la patata è cotta, spegnete e aggiungete i ceci precedentemente lessati.

Scolate la quinoa e unitela alle verdure. Mescolate bene e aggiungete il basilico fresco. Guarnite con i semini, le mandorle tostate e un giro d'olio a crudo.

RAINBOW POWER BOWL

- *1* ***avocado*** *piccolo*
- *1 tazza di* ***quinoa***
- *50 g di* ***fagioli rossi***
- *4 carote*
- *30 g di* ***cavolo cappuccio rosso***
- *30 g di* ***kale***
- *hummus di* ***ceci***
- *succo di limone*
- ***semi di chia***
- *3 cucchiai d'****olio evo***
- *sale*

Cuocete la quinoa in acqua bollente e scolatela.

Pulite e tagliate alla julienne la carota e l'avocado a fettine.

Lavate e tagliate finemente anche il cavolo e il kale, poi fateli saltare in padella con l'olio.

Assemblate la power bowl in modo che tutti gli ingredienti siano in vista, aggiungete i fagioli e condite con semi di chia, hummus di ceci, olio, sale e qualche goccia di succo di limone.

SALMONE MARINATO AL MIELE CON BASMATI

- *300 g di riso basmati*
- *600 g di filetto di* ***salmone*** *fresco*
- *3 lime*
- *4 cm di* ***zenzero*** *fresco*
- *1 scalogno*
- *1 cucchiaio di* ***miele di manuka***
- *50 g di burro*
- *1 rametto di menta fresca*
- *sale*
- *pepe*

Prendete quattro filetti di salmone fresco e marinateli in una ciotola con lo zenzero grattugiato, la menta, il miele, lo scalogno a fettine e il succo di lime.

Bollite il riso.

Trasferite i filetti in una padella con il burro, tenendo da parte il liquido della marinatura e sistemandoli dalla parte della pelle sul fondo della padella. Fateli cuocere per 5 minuti a fuoco moderato, quindi rigirateli dalla parte della polpa e cuocete per 2 minuti.

Salate, pepate e irrorate con il resto della marinatura fino ad assorbimento.

Servite con il basmati modellato a cupola a un lato del salmone.

STIR FRY CON AZUKI E BROCCOLI

- *300 g di riso arborio*
- *1 cucchiaio di* ***curcuma***
- *200 g di champignon*
- *1 porro*
- *2 carote*
- *2* ***germogli di soia***
- *1 ciuffo di erba cipollina*
- *200 g di* ***broccoli***
- *100 g di* ***fagioli azuki*** *lessati*
- *4 cucchiai di salsa di* ***soia***
- *1 cucchiaio d'olio di semi*
- *1 pugno di* ***anacardi***
- *pepe nero*

Bollite il riso. Affettate i funghi, i broccoli, il porro e le carote e saltateli nel wok con un goccio d'olio.

A metà cottura aggiungete i germogli e gli azuki, poi il riso bollito, un cucchiaio di curcuma e il pepe. Girate e friggete finché non avrete mescolato tutti gli ingredienti in modo omogeneo.

Cospargete di erba cipollina fresca tritata e finite con una manciata di anacardi.

STRUDEL DI CAVOLI E CURCUMA

Per la sfoglia:
- *250 g di farina*
- *1 cucchiaino di lievito istantaneo per torte salate*
- *100 ml d'acqua*
- *100 ml d'olio di semi*
- *1 cucchiaino di sale*

Per il ripieno:

- *600 g di **cavolo verza** e **cavolo nero***
- *50 g di uvetta sultanina*
- *50 g di pinoli*
- *250 g di ricotta di pecora*
- *1 scalogno*
- *1 cucchiaio di **curcuma***
- *150 g di groviera*
- *2 noci di burro*
- *1 vasetto di **yogurt greco***
- *sale*
- *pepe*

In una ciotola mettete la farina, il sale, il lievito, l'acqua tiepida e l'olio. Mescolate energicamente fino a formare un impasto denso e omogeneo.

Su una spianatoia stendete la pasta con un matterello ottenendo una sfoglia rettangolare molto sottile. Foderate la leccarda con la carta da forno.

Preriscaldate il forno a 200 °C.

In una padella grande fate appassire lo scalogno nel burro, poi scottate i cavoli a fettine nello scalogno appassito. Salate e pepate. Lasciate a bagno l'uvetta in una ciotola d'acqua calda per 20 minuti. In una terrina, spezzettate i cavoli scottati e versateci il fondo di cottura di burro e scalogno.

Aggiungete la ricotta, la curcuma, i pinoli, l'uvetta strizzata, il sale e il pepe e mescolate. Aggiungete lo yogurt, il groviera a dadini e amalgamate.

Mettete la sfoglia sulla leccarda, adagiateci il ripieno e richiudete lo strudel sigillandolo con le dita bagnate. Praticate dei piccoli tagli in superficie e laccatelo con l'olio.

Infornate fino a doratura e servite caldo.

SUSHI CON SALMONE E AVOCADO

Per il gari:
- *100 g di **zenzero** fresco*
- *50 ml di aceto*
- *20 ml acqua*
- *20 g di zucchero semolato*
- *1 pizzico di sale*

Per il sushi:
- *20 g di **salmone** fresco precedentemente abbattuto*
- *1 **avocado***
- *4 fogli di **nori***
- *200 g di riso per sushi*
- *75 ml di mirin*
- *1 pizzico di sale*
- *salsa di **soia**, wasabi e **zenzero** marinato per servire*

Sbucciate lo zenzero, tagliatelo a fettine molto sottili e salatelo.

Immergete le fettine di zenzero in una ciotola d'acqua e lasciatele a bagno per 12 ore.

Scolate lo zenzero e scottatelo appena in una padella, poi risciacquatelo sotto l'acqua corrente.

Scottatelo nuovamente per un minuto e scolatelo.

Mettete in un pentolino l'acqua, l'aceto, lo zucchero e il sale, e scaldate fino a sciogliere lo zucchero.

Mettete lo zenzero in un barattolo di vetro a chiusura ermetica e versateci sopra lo sciroppo. Chiudete il barattolo e lasciate riposare per usarne qualche fettina con il sushi.

Cuocete il riso a vapore e fatelo raffreddare. Unite il mirin al riso e mescolate.

Tagliate in bastoncini di mezzo centimetro l'avocado e il salmone.

Prendete uno stuoino di bambù, mettete un foglio di alga nori, uno strato di riso, uno di bastoncini di salmone affiancati da quelli di avocado. Arrotolate il sushi premendo gentilmente e sigillando il bordo con le dita bagnante. Tagliate il rotolo a pezzi grossi e servite con soia, wasabi e zenzero marinato.

TAJINE ALLE PRUGNE MARINATE NEL TÈ VERDE

- *2 carote*
- *1 patata*
- *1 cipolla*
- *4 spicchi d'aglio*
- *1 limone*
- *1 pezzo di zucca mantovana*
- *una decina di prugne secche*
- ***tè verde***
- *una decina di* ***mandorle***
- *1 cucchiaio di* ***semi di chia***
- *3 cucchiai d'****olio EVO***
- *brodo di verdure*
- *cumino*
- *peperoncino*
- *100 g di* ***lenticchie*** *rosse*
- *1 pizzico di cannella*
- *sale*

Mettete il giorno prima le prugne in una tazza di tè verde forte e lasciatele marinare.

Preriscaldate il forno a 150 °C.

Dentro una casseruola da forno mettete in ordine: la cipolla tagliata fine in rondelle, le carote, metà tagliate a rondelle e metà in fiammiferi, il limone a fettine, la patata, la zucca e gli spicchi d'aglio interi.

Aggiungete un po' d'olio d'oliva e cospargete con le spezie.

Versate il brodo di verdure fino a un terzo della casseruola.

Mettete il coperchio e infornate per un'ora e mezza.

Cuocete le lenticchie come fate normalmente. A cottura ultimata, disponete la tajine su un piatto da portata avendo cura di non mescolare le verdure, annaffiate con la rimanenza di succo e versate le lenticchie.

Aggiungete le prugne marinate nel tè e cospargetele di semi di chia.

Finite con mandorle tagliate grossolanamente, olio e un po' di peperoncino.

TAJINE MALSOUKA AL SALMONE

- *8 sfoglie di pasta brik*
- *50 g di burro*
- *2* ***uova***
- *250 g di filetto di* ***salmone***
- *150 g di* ***yogurt greco***
- *prezzemolo fresco tritato*
- *1 cucchiaio di* ***curcuma***
- *1 spicchio d'aglio*
- *2 cucchiai d'****olio evo***
- *sale*
- *pepe*

Tagliate a pezzettini il salmone e soffriggetelo in una padella con olio, curcuma, pepe, sale e aglio. Aggiungete un bicchiere d'acqua per facilitare la cottura.

In una ciotola, sbattete le uova intere con il prezzemolo tritato, il pepe, il sale, un pizzico di curcuma e lo yogurt. Versate nella ciotola il salmone condito, mescolando bene.

Ungete una teglia con un po' di burro e adagiateci quattro strati di pasta brik, alternati con fiocchi di burro, poi versate il ripieno e richiudete con altrettanti strati di brik unti di burro. Procedete con la cottura in forno preriscaldato a 180 °C per 20-30 minuti.

TORTA ROVESCIATA ALLE CIME DI RAPA, WAKAME E DULSE

- *8* ***olive*** *nere snocciolate*
- *200 g di* ***cime di rapa***
- *60 g di pangrattato*
- *1 spicchio d'aglio*
- *1 peperoncino fresco*
- *5 g di* ***dulse***
- *5 g di* ***wakame***
- *120 g di fecola di patate*
- *120 g di farina*
- *1* ***uovo***
- *3 cucchiai d'****olio evo***
- *1 bustina di lievito per torte salate*
- *1 ciuffo di origano fresco*
- *sale*
- *pepe*

Rivestite uno stampo per crostata da 24 centimetri di diametro con carta da forno. Ungete bene con olio e cospargete con il pangrattato e l'origano.

Scottate le cime di rapa con l'aglio, le olive, la wakame ammollata e il peperoncino in una padella unta.

Disponetele sullo stampo.

In una terrina setacciate le farine e il lievito, aggiungete le alghe sbriciolate e l'origano.

Aggiungete un po' d'olio, l'uovo e un bicchiere d'acqua mescolando con una frusta fino a ottenere un composto omogeneo e senza grumi. Versate l'impasto sulle cime di rapa. Cuocete in forno a 190 °C per 30 minuti.

Fate raffreddare e rovesciate su un piatto da portata.

TORTA SALATA AL CAVOLFIORE E CURCUMA

Per la sfoglia:

- *250 g di farina*
- *1 cucchiaino di lievito istantaneo per torte salate*
- *100 ml d'acqua*
- *100 ml d'olio di semi*
- *1 cucchiaino di sale*

Per il ripieno:

- *1 cucchiaio di* ***curcuma***
- *200 g di cimette di* ***cavolfiore***
- *1 carota*
- *1 manciata di* ***piselli***
- *100 g di fontina*
- *2 cucchiai di parmigiano*
- *1 noce di burro*
- *1* ***uovo***
- *1 pizzico di noce moscata*
- *sale*
- *pepe*

In una ciotola mettete la farina, il sale, il lievito, l'acqua tiepida e l'olio. Mescolate energicamente fino a formare un impasto denso e omogeneo.

Su una spianatoia stendete la pasta con un matterello ottenendo una sfoglia dello spessore di tre millimetri. Con la sfoglia stesa foderate uno stampo a cerniera da 24 centimetri di diametro imburrato e infarinato.

Preriscaldate il forno a 200 °C.

Mondate le verdure e cuocetele al vapore (i piselli sgranati, la carota a cubetti e il cavolfiore diviso in cimette).

In una ciotola capiente mescolate le verdure cotte con la curcuma, l'uovo, il burro a temperatura ambiente e il parmigiano. Salate e pepate e spolverizzate con noce moscata.

Versate le verdure sulla sfoglia e cuocete in forno fino a doratura.

TORTILLA ALLA CURCUMA, CAVOLETTI E PATATE

- *4 patate medie*
- *8* ***cavoletti di Bruxelles***
- *4 cucchiaini di* ***curcuma***
- *5* ***uova***
- *2 cucchiai di farina*
- *3 cucchiai d'****olio*** **EVO**
- ***gomasio***
- *qualche foglia di* ***cavolo cappuccio***
- *sale*
- *pepe*

Sbucciate le patate, tagliatele a tocchi, mescolatele con i cavolini e cuocete al vapore. Poi impanate leggermente le verdure con farina, pepe, sale e due cucchiaini di curcuma. In una padella grande, versate tre cucchiai d'olio e fate dorare per qualche minuto le verdure, mescolandole.

In una ciotola, sbattete le uova con sale, pepe e la restante curcuma. Versatele sulle patate e i cavolini, coprite e cuocete a fiamma bassa fino a solidificazione della tortilla.

Girate la tortilla aiutandovi con il coperchio e continuate la cottura per 2 minuti. Fatela scivolare su un piatto da portata e servite con fette sottili di cappuccio crudo condite con olio e gomasio.

SECONDI E CONTORNI

ALOO GOBI SPEZIATO

- *4 patate*
- *½* ***cavolfiore***
- *1 cipolla*
- *1 pugno di* ***piselli***
- *2 spicchi d'aglio*
- *2 pomodori maturi*
- *3 peperoncini verdi*
- *1 foglia di alloro*
- *1 cucchiaio di* ***curcuma***
- *1 cucchiaio di garam masala*
- *1 cucchiaio di* ***zenzero*** *fresco grattugiato*
- *2 cucchiai d'olio di semi*
- *foglie di coriandolo fresco*
- *sale*

Dividete il cavolfiore a fioretti e sbucciate e tagliate le patate a tocchi. Scaldate l'olio e mettete una foglia di alloro, l'aglio e la cipolla tagliata fine. Aggiungete le patate, il cavolfiore e i piselli e fateli rosolare appena.

Aggiungete due bicchieri d'acqua tiepida, lo zenzero, il garam masala e la curcuma, abbassate il fuoco e mescolate. Aggiustate di sale e aggiungete i pomodori tagliati a concassé e i peperoncini verdi. Coprite fino a quando le patate non saranno cotte.

Guarnite con foglie di coriandolo e cipolla fresca.

BAGNA CAUDA CON CARDI

- *8 gambi di cardo*
- *3 cucchiai d'****olio*** **EVO**

- *2 spicchi d'aglio*
- *100 g di filetti di* ***acciughe*** *sottolio*
- *6 cucchiai di latte*

A fuoco lento rosolate l'aglio. Poi aggiungete le acciughe. Fate sciogliere le acciughe mescolando. Quando si è formata una crema liscia, aggiungete il latte e mescolate velocemente sempre a fiamma bassa per 5 minuti.

Mettete la bagna cauda in un ciotolino dove intingere i cardi.

BISTECCA IN SALSA DI MIRTILLI

- *1 bistecca di maiale con l'osso*
- *100 g di* ***mirtilli***
- *1 cucchiaio di* ***miele di manuka***
- *salvia*
- *basilico*
- *rosmarino*
- *1 noce moscata*
- *3 spicchi d'aglio*
- *4 cucchiai d'****olio evo***
- *½ bicchiere d'acqua fresca*
- *1 cucchiaio di farina 00*
- *sale*

Mettete i mirtilli nel mixer conservandone qualcuno intero per la guarnizione, aggiungete pochissima acqua e un cucchiaio di miele. Bollite con mezzo bicchiere d'acqua fresca per 5 minuti e passate il succo al colino.

Grigliate la bistecca.

Sminuzzate le erbe.

Versate l'olio in una padella con l'aglio e la farina, poi aggiungete il trito, il succo e la noce moscata. Fate rapprendere e versate sulla bistecca guarnendo con mirtilli freschi.

BROCCOLI ALLO ZENZERO, ACCIUGHE E MANDORLE

- *500 g di fioretti di* ***broccolo***
- *2 cm di* ***zenzero***
- *1 peperoncino*
- *1 spicchio d'aglio*
- *3* ***acciughe*** *sottolio*
- *10* ***mandorle***
- *2 cucchiai d'****olio*** **EVO**
- *sale*

Mondate i broccoli.

In una padella ampia soffriggete nell'olio lo zenzero tagliato a listelline con l'aglio e il peperoncino, e stemperateci le acciughe.

Fateci poi rosolare i broccoli, aggiungete il sale e un bicchiere d'acqua. Coprite e cuocete a fuoco basso.

Servite con mandorle intere per accompagnare.

CAROTE AL COCCO, MANDORLE E SPEZIE

- *500 g di carote*
- *1 cucchiaio di garam masala*
- *300 ml di latte di* ***cocco***
- *1 cucchiaino di* ***curcuma***
- *1 cucchiaino di* ***zenzero*** *fresco grattugiato*
- *1 spicchio d'aglio*
- *1 cucchiaio d'olio di semi*

- *1 ciuffo di prezzemolo fresco*
- *1 pugno di* ***mandorle***

Tagliate le carote per il senso della lunghezza e dividete in quattro.

Scaldate una padella con un filo d'olio, l'aglio schiacciato, lo zenzero grattugiato e un cucchiaio di garam masala. Aggiungete le carote e mescolate, mentre le fate rosolare.

Aggiungete al latte di cocco un cucchiaino di curcuma e versatelo nella padella, abbassate il fuoco e coprite. Mescolando di tanto in tanto, lasciate cuocere il tutto per 15 minuti.

Servite con qualche foglia di prezzemolo fresco e mandorle.

CASSERUOLA DI KALE E LEGUMI PICCANTI

- *100 g di* ***lenticchie*** *secche*
- *100 g di* ***fagioli borlotti*** *secchi*
- *100 g di* ***fagiolini***
- *8 pomodori essiccati al sole*
- *1 manciata di* ***olive*** *nere*
- *1 pugno di prezzemolo*
- *80 g di* ***kale***
- *1 spicchio d'aglio*
- *1 peperoncino rosso fresco*
- *1 limone*
- *10* ***mandorle***
- *4 cucchiai d'****olio EVO***
- *sale*

Immergete le lenticchie e i fagioli per tutta la notte in acqua fredda.

Mettete l'aglio e il peperoncino in un barattolo con coperchio e versate sopra l'olio e una parte della scorza e del succo del limone. Agitate energicamente per emulsionare.

Sciacquate bene le lenticchie e i fagioli e metteteli in una casseruola con acqua fredda non salata. Portate a ebollizione, rimuovete la schiuma e fate bollire a fiamma alta per 10 minuti. Poi abbassate il fuoco, aggiungete i fagiolini e cuocete fino a quando sono teneri e l'acqua è evaporata. Aggiustate di sale.

A fuoco spento unite le olive, le mandorle, i pomodori secchi e il kale. Irrorate con l'olio aromatizzato, mescolate e servite guarnita con il prezzemolo.

CAVOLETTI CON BRICIOLE DI MANDORLE E NOCI E RIBES

- *12* ***cavoletti di Bruxelles***
- *2 noci di burro*
- *1 pugno di* ***noci*** *e* ***mandorle***
- *2 cm di* ***zenzero***
- *1 cucchiaio di farina*
- ***ribes***
- *sale*
- *pepe*

Pulite i cavoletti, incidete una croce sulla testa e fateli cuocere interi al vapore per circa 10 minuti.

Mescolate il burro morbido con la farina, un cucchiaino di zenzero grattugiato, le mandorle e le noci spezzettate in modo da ottenere un composto sbriciolato.

Mettete i cavoletti su una teglia unta, distribuite le briciole e cuocete per 20 minuti a 170 °C. Servite con bacche di ribes.

CAVOLFIORE VIOLA CON BESCIAMELLA ALLA CURCUMA E CHICCHI DI MELAGRANA

- *1* ***cavolfiore viola***
- *1 noce di burro*
- *4 cucchiai di parmigiano*
- *1 cucchiaio di* ***curcuma***
- *50 g di burro*
- *50 g di farina*
- *½ l di latte*
- *noce moscata*
- *1 cucchiaio di chicchi di* ***melagrana***
- *sale*
- *pepe*

Preriscaldate il forno a 180 °C.

Dividete il cavolfiore a fioretti e fatelo al vapore.

Sciogliete in una padella una noce di burro e lasciate dorare il cavolfiore per circa 10 minuti.

In un pentolino fate fondere il burro a fuoco moderato, unite la farina e la curcuma mescolando con la frusta. In un altro pentolino scaldate il latte. Quindi poco alla volta versate nel roux il latte tiepido, continuando a mescolare.

Salate, diminuite l'intensità della fiamma e cuocete per almeno 5 minuti senza smettere di mescolare.

Togliete dal fuoco e aggiustate di sale.

Trasferite il cavolfiore in una pirofila imburrata, versateci la besciamella alla curcuma, spolverate con pepe, parmigiano e noce moscata e infornate fino a quando non si forma una crosticina.

Estraete dal forno e cospargete di chicchi di melagrana.

CAVOLINI DI BRUXELLES CON FORMAGGI, PANCETTA E CURCUMA

- *600 g di* ***cavolini di Bruxelles*** *freschi*
- *1 cucchiaino di* ***curcuma***
- *1 noce di burro*
- *3 cucchiai di parmigiano ed emmental grattugiati*
- *2 fette di pancetta affumicata*
- *sale*
- *pepe*

Incidete a croce la testa dei cavolini e, mentre li cuocete a vapore, preriscaldate il forno a 200 °C.

Su una casseruola imburrata adagiate i cavolini, salateli e pepateli.

Spolverateli con parmigiano ed emmental grattugiati mescolati alla curcuma e mettete le fette di pancetta in cima. Infornate e aspettate che la pancetta diventi croccante.

CAVOLO CAPPUCCIO ALLO ZENZERO E ANACARDI

- ***½ cavolo cappuccio viola***
- ***½ cavolo cappuccio bianco***
- *1 spicchio d'aglio*
- *3 cucchiai di salsa di* ***soia***
- *2 cucchiai d'olio di semi*
- *3 cm di* ***zenzero***
- *1 cucchiaio di* ***anacardi***
- *1 peperoncino a rondelle*

Levate il torsolo e le foglie più esterne dal cavolo e riducetelo a striscioline.

Sbianchite il cavolo e trasferitelo in un wok, dove avrete messo a rosolare l'aglio nell'olio.

Aggiungete lo zenzero tagliato a lamelle e il peperoncino a rondelle e mescolate.

Unite la soia e finite la cottura mescolando con gli anacardi.

CAVOLO VERZA E SALSICCE

- *1* ***cavolo verza***
- *3 salsicce*
- *2 carote*
- *1 cipolla*
- *3 cm di* ***zenzero***
- *3 cucchiai d'****olio EVO***
- *1 foglia di alloro*
- *1 l di brodo*
- *sale*
- *pepe*

Pulite il cavolo e fatelo a pezzi grossolani.

Scaldate il brodo.

In una padella con olio caldo mettete lo zenzero grattugiato, le carote e la cipolla a tocchetti.

Tagliate le salsicce a pezzi grossi e rosolatele nell'alloro. Aggiungete il cavolo e fatelo appassire.

Versate il brodo, aggiustate di sale e pepe, coprite e fate sobbollire, mescolando di tanto in tanto.

Quando il liquido di cottura si sarà rappreso, servite caldissimo.

CODE DI GAMBERO SU CREMA DI LENTICCHIE ALLA CURCUMA E ALGA DULSE

- *300 g di **lenticchie** lessate*
- *5 g di **dulse***
- *12 gamberoni*
- *2 cucchiai d'**olio EVO***
- *2 cucchiai di whisky*
- *qualche foglia di dragoncello*
- *1 scalogno*
- *1 cucchiaio di **curcuma***
- ***gomasio***
- *pepe*

Mettete a bagno l'alga in acqua fredda per 5 minuti.

Tritate finemente lo scalogno e fatelo rosolare in una padella con un cucchiaio d'olio.

Aggiungete le lenticchie, un goccio d'acqua, il sale, il pepe e la curcuma e mescolate.

Frullate il tutto e tenetelo in caldo.

Mondate i gamberi serbando le code e mettetele in una padella con olio caldo. Sfumate con il whisky.

Preparate delle porzioni singole disponendo la crema di lenticchie a specchio con sopra l'alga sbriciolata, le code di gambero e guarnite con gomasio, pepe, dragoncello e un filo d'olio a crudo.

COSCE DI POLLO AL TÈ VERDE, YOGURT E BACCHE DI GOJI

- *8 cosce di pollo*
- *1 cipolla*

- *2 bustine di* ***tè verde***
- *4 cucchiai d'****olio EVO***
- *1 scalogno*
- *125 g di* ***yogurt greco***
- *30 g di burro sale*
- *1 cucchiaino di* ***zenzero*** *fresco*
- *1 manciata di* ***bacche di goji***
- *pepe nero*

Passate il pollo sulla fiamma per eliminare eventuali penne.
Mettetelo a rosolare in un tegame con il burro e l'olio già caldi, fate insaporire aggiungendo un poco di sale e poi toglietelo dal tegame. Rosolate uno scalogno a fette nello stessa padella.
Mettete in infusione il tè insieme a 500 ml d'acqua bollente e attendete 5 minuti, poi eliminate le bustine e versate il tè sulla cipolla, aggiungete lo zenzero e lasciate sobbollire. Rimettete le cosce nel tegame, tappate e fate asciugare il liquido. A cottura ultimata, versate lo yogurt e le bacche di goji, lasciate riscaldare e servite.

CRAUTI ROSSI ALL'ACETO

- *1 kg di* ***cavolo cappuccio rosso***
- *1 l di aceto di vino rosso*
- *10 grani di pepe nero*
- *4 foglie di alloro*
- *6 chiodi di garofano*
- *sale fino*

Lavate il cavolo rosso, eliminate le foglie esterne e le coste più dure e tagliatelo in striscioline. Mettete il cavolo in una ciotola capiente e ricopritelo di sale fino, mescolate bene e fate riposare per una notte. Il giorno successivo sgocciolatelo e asciugatelo dal sale.

Versate l'aceto di vino e le spezie in una casseruola a fondo spesso, portate a ebollizione per 3 minuti. Se volete conservare i crauti, suddividete le striscioline di cavolo in barattoli di vetro e irrorate con l'aceto, chiudete e mettete al riparo dalla luce.

FAGIOLINI E KALE CON TAHINI ALLA MENTA

- *300 g di **fagiolini** verdi*
- *300 g di **kale***
- *1 scalogno*
- *1 manciata di **noci***
- *1 cucchiaio di chicchi di **melagrana***
- *4 cucchiai di **tahini***
- *1 cucchiaio di **sesamo***
- *1 rametto di menta*
- *4 cucchiai d'**olio EVO***
- *sale*
- *pepe*

Rosolate lo scalogno in olio e aggiungete i fagiolini. Quando sono cotti, unite il kale e fatelo appassire.

Tostate le noci in un padellino e sbucciate la melagrana.

Allungate la tahini con acqua e olio e sminuzzate la menta.

Trasferite le verdure in un vassoio, colateci sopra la salsa e guarnite con chicchi di melagrana e noci.

FARAONA AI MIRTILLI

- *1 faraona*
- *100 g di **mirtilli***
- *100 ml di succo di **mirtilli** al naturale*
- *4 cucchiai d'**olio EVO***
- *sale*
- *pepe*

Per la marinata:
- *1 bicchiere di vino bianco*
- *timo fresco*
- *bacche di ginepro*
- *pepe in grani*

Fiammeggiate la faraona per togliere eventuali piume e spuntate le ali.

Dividetela in otto pezzi e marinateli per tutta la notte con il vino, qualche rametto di timo, un cucchiaino di bacche di ginepro schiacciate e altrettanto pepe in grani.

Sgocciolate i pezzi di faraona conservando la marinata, scaldate l'olio in un tegame a fondo spesso e rosolate entrambe le parti a fiamma medio-alta. Quando hanno preso una bella colorazione decisa, aggiungete sale e pepe e versate nel fondo del tegame metà della marinata filtrata e il succo di mirtilli.

Coprite e cuocete per circa 40 minuti girando i pezzi un paio di volte.

A fine cottura, estraete la faraona, poi unite i mirtilli al sughetto, fateli scaldare per 2 minuti e distribuiteli fra i ritagli di carne.

FRITTATA DI BROCCOLI E ACCIUGHE

- *250 g di cimette di* ***broccoli***
- *4 filetti di* ***acciughe***
- *6* ***uova***
- *2 cucchiai d'****olio EVO***
- *qualche foglia di menta*
- *sale*
- *pepe*

Scottate le cimette di broccoli. Scolate e tenete da parte.

In una ciotola capiente sbattete le uova con una frusta e aggiungete sale, pepe e foglioline di menta.

Riscaldate l'olio in una padella antiaderente e aggiungete le acciughe sfilettate. Unite anche i broccoli e scottateli nell'olio per farli insaporire.

Versate le uova e roteate la padella per distribuirle bene.

Coprite e abbassate il fuoco. Quando si rapprende, rigirate la frittata con un coperchio e ultimate la cottura.

GAMBERI PANATI AL COCCO CON MAIONESE ALLA CURCUMA

- *10 code di gambero sgusciate*
- *150 g di farina*
- *50 g di farina di* ***cocco***
- *1 pizzico di lievito in polvere*
- *50 g d'acqua gassata*
- *1* ***uovo***
- *olio di semi di girasole*
- *sale*
- *pepe*

- *150 g di maionese*
- *1 cucchiaino di **curcuma***
- *1 lime*
- *foglioline di menta*

Preparate la maionese aromatizzata aggiungendo la curcuma e mescolando bene.

Fate una pastella con l'uovo, la farina normale e quella di cocco, un pizzico di lievito in polvere, l'acqua e il sale.

Pulite le code di gambero e passatele nella pastella.

Fate scaldare l'olio di semi di girasole in una padella.

Friggete le code di gambero nell'olio bollente finché non saranno ben dorate. Scolatele e lasciatele asciugare su carta assorbente.

Servite le code di gambero con panatura al cocco guarnite con menta e lime insieme alla maionese aromatizzata alla curcuma.

GRATIN DI BROCCOLO ROMANO, ACCIUGHE E NOCI

- *400 g di **broccolo romano***
- *8 **acciughe** sottolio*
- *250 ml di latte*
- *25 g di burro*
- *25 g di farina*
- *2 cucchiai d'**olio EVO***
- *2 **uova***
- *10 gherigli di **noce** tritati*
- *sale*
- *pepe*

Preparate una besciamella densa. Tagliate e lavate le cimette di broccolo.

Struggete le acciughe in olio e saltate il broccolo romano. Unite la besciamella, due uova, aggiustate di sale e pepe e ricoprite di noci.

Infornate fino a gratinatura.

INSALATA DI ALGA DULSE E GERMOGLI AL MANDARINO

- *30 g di **dulse***
- *100 g di **germogli di soia***
- *100 g di carote*
- *1 limone*
- *50 g di **noci** sgusciate*
- *250 ml di succo di mandarino*
- *3 cucchiai di salsa di **soia***
- *sale*

Scottate i germogli di soia e poi fateli raffreddare.

Fate una julienne di carote, mettetela in un'insalatiera e irrorate con succo di limone.

Mettete a bagno l'alga dulse per 5 minuti. Scolatela e tagliatela a listarelle.

In una padellina tostate i gherigli di noce.

Tritate tutte le noci o una parte con un coltello.

Aggiungete alle carote i germogli di soia, l'alga dulse e le noci tritate.

Condite il tutto con il succo di mandarino e la salsa di soia.

INSALATA MESSICANA CON AVOCADO

- *200 g di **fagioli neri** lessati*
- *50 g di **ceci** lessati*
- *150 g di mais precotto*
- *2 **avocado***
- *1 peperone rosso*
- *1 cipolla rossa*
- *4 cucchiai d'**olio EVO***
- *1 cucchiaio di succo di lime*
- *1 peperoncino fresco*
- *sale*
- *pepe nero*

Fate gli avocado a pezzetti, affettate la cipolla rossa e tagliate a cubetti il peperone rosso.

Scolate il mais, i fagioli e i ceci dall'acqua di conserva e metteteli in una ciotola, aggiungete la cipolla affettata, il peperone rosso a cubetti e l'avocado.

Irrorate l'insalata messicana con il succo del lime e l'olio, aggiustate di sale e pepe, e aggiungete il peperoncino a fettine. Servite con carne asada.

MALAI KOFTA CON ANACARDI

Per le polpette:

- *400 g di patate*
- *50 g di paneer*
- *1 cucchiaio di **yogurt greco***
- *1 cucchiaio di **anacardi***
- *1 cucchiaino di uvetta*
- *1 peperoncino verde*

- *1 pizzico di zucchero di canna*
- *½ cucchiaino di coriandolo in polvere*
- *½ cucchiaino di cumino in polvere*
- *½ cucchiaino di peperoncino in polvere*
- *½ cucchiaino di **curcuma** in polvere*
- *ghee*
- *sale*

Per la salsa:
- *1 cipolla*
- *1 spicchio d'aglio*
- *1 cucchiaio di **zenzero** tritato*
- *1 cucchiaio di **curcuma***
- *1 peperoncino*
- *1 cucchiaio di garam masala*
- *½ cucchiaino di coriandolo in polvere*
- *½ cucchiaino di cumino in polvere*
- *qualche **anacardo***
- *100 g di **yogurt greco***
- *sale*

Bollite le patate, poi sbucciatele e schiacciatele in una ciotola.

Aggiungete il paneer, lo yogurt, il peperoncino, la frutta secca finemente tritata, lo zucchero e le spezie, salate e mescolate bene.

Formate delle polpette oblunghe, scaldate in una padella il ghee e fatele cuocere fino a doratura, poi mettetele da parte.

Nello stesso olio fate soffriggere la cipolla, l'aglio e lo zenzero.

Aggiungete le spezie e gli anacardi interi.

Unite ancora un po' di yogurt e la curcuma e sobbollite fino a formare una salsa densa da versare calda sulle kofta.

MOSCARDINI SU PASSATA DI CECI E LENTICCHIE

- *100 g di* ***ceci***
- *200 g di* ***lenticchie***
- *8 moscardini freschi*
- *1 spicchio d'aglio*
- *1 rametto di rosmarino*
- *3 cucchiai d'****olio EVO***
- *sale*
- *pepe nero*

Mettete i ceci e le lenticchie a mollo la sera precedente, quindi fateli sgocciolare e sciacquateli bene.

Mettete i legumi a cuocere in acqua bollente salata con aglio e rosmarino per circa 30 minuti. Una volta cotti, frullateli e passateli al setaccio.

Pulite i moscardini e saltateli in padella con un cucchiaio d'olio.

Versate la passatina di ceci e lenticchie nei piatti fondi e adagiateci sopra i moscardini.

Condite con sale, pepe e olio e servite.

NAVRATAN KORMA RAJASTHANO

- *2 patate*
- *1 carota*
- *10* ***fagiolini***
- *½* ***cavolfiore***
- *1 falda di peperone rosso*
- *1 cucchiaio di* ***piselli***
- *1 cucchiaio di* ***ceci***
- *70 g di paneer*

- *1 cucchiaio di* ***curcuma***
- *1 cucchiaio di* ***zenzero*** *tritato*
- *1 cucchiaio di* ***anacardi*** *al naturale*
- *1 cucchiaino di uva passa*
- *1 cucchiaio di chicchi di* ***melagrana***
- *1 cucchiaio di passata di pomodoro*
- *1 peperoncino*
- *1 cardamomo*
- *1 pizzico di cannella*
- *1 pizzico di noce moscata*
- *qualche seme di cumino*
- *2 chiodi di garofano*
- *250 ml di* ***yogurt greco***
- *1 cucchiaio di ghee*
- *coriandolo fresco*
- *sale*
- *pepe*

Pestate tutte le spezie con la curcuma e tostatele per alcuni secondi, poi aggiungete il paneer. Arrostite leggermente e mettete da parte.

Mondate e tagliate le verdure a tocchetti, poi fatele saltare nel ghee.

Aggiungete lo zenzero fresco e la passata di pomodoro, e lasciate stufare con un pizzico di sale.

Unite i piselli, i ceci e gli anacardi, poi il cumino e il peperoncino, infine versate lo yogurt e mescolate lentamente abbassando il fuoco.

Fate sobbollire fino alla densità desiderata, poi unite i cubetti di paneer e servite con chicchi di melagrana, uva passa e foglie di coriandolo.

PACCHETTINI DI VERZA E PATATE CON FONDUTA ALLE NOCI

- *1 **verza***
- *3 patate*
- *200 g di scimudin*
- *50 g di montasio*
- *1 bicchiere di latte*
- *1 pugno di **noci***
- *1 noce di burro*
- *sale*
- *pepe*

Scartate le foglie esterne della verza, quindi staccatene sedici intere. Sbollentate le foglie per 5 minuti, poche per volta, in acqua bollente salata e asciugate su un canovaccio pulito. Di ciò che avanza della verza, prendetene un pugno e fatelo a striscioline. Bollite le patate sbucciate con le striscioline di verza e fate un purè denso. Imburrate una pirofila e farcite ogni foglia di verza con il purè facendo dei pacchettini. Disponeteli sulla pirofila e infornate a 200 °C per 5 minuti. Spezzettate grossolanamente le noci. Tagliate i formaggi a dadini e sciogli eteli in un bicchiere di latte a bagnomaria, pepate e colate sui pacchettini la fonduta bollente al momento di servire. Guarnite con le noci.

POLLO AGLI ANACARDI E FAVE

- *600 g di petto di pollo*
- *100 g di **anacardi***
- *1 cucchiaio di salsa di **soia***
- *100 g di scalogno*

- *1 cucchiaino di salsa di pesce*
- *1 cucchiaio d'olio di semi*
- *1 cucchiaio di* ***zenzero*** *fresco grattugiato*
- *1 peperone rosso*
- *1 cucchiaino di coriandolo*
- *1 cucchiaio di farina di riso*
- *1 peperoncino*
- *2 cucchiai di cipollotti a pezzetti*
- *1 manciata di* ***fave*** *fresche*

Tagliate il petto di pollo a tocchetti.

Fate tostare in padella gli anacardi senza olio.

Tagliate a pezzetti lo scalogno e fatelo soffriggere in padella con un filo d'olio.

Intanto, tagliate il peperone a listarelle e mettetelo in un wok con un filo d'olio insieme alle fave rotolate nella farina di riso e i cipollotti per circa 15 minuti. Aggiungete anche gli anacardi e un cucchiaino di salsa di pesce.

Infarinate i bocconcini di pollo e, in una padella a parte, rosolateli da entrambe le parti per pochi minuti.

Mettete il pollo insieme agli altri ingredienti nel wok e saltatelo.

Aggiungete una grattatina di zenzero, il coriandolo, la salsa di soia, mescolate bene e servite ancora caldo.

Guarnite con il peperoncino fresco a fettine e servite.

POLLO ALLA CURCUMA E SESAMO

- *400 g di petto di pollo*
- *2 cucchiai di* ***yogurt greco***
- *1 cucchiaio di latte intero*
- *2 cucchiai di* ***curcuma***

- *1 scalogno*
- *1 cucchiaio d'***olio EVO**
- *1 bicchiere di vino bianco*
- *1 cucchiaio di farina*
- *1 pugno di* ***semi di sesamo***
- *sale*
- *pepe*

Tagliate il petto di pollo a bocconcini, che farete rotolare in un cucchiaio di curcuma e nella farina, poi nel sesamo.

In una padella antiaderente, versate il cucchiaio d'olio e fate soffriggere lo scalogno tritato.

Alzate la fiamma, disponete il pollo, fate rosolare e sfumate con il vino bianco.

In una ciotola, mescolate lo yogurt, il latte, la curcuma avanzata, il pepe e il sale.

Aggiungete la crema al pollo, amalgamate bene e coprite con un coperchio, finendo la cottura.

POLLO ALLA PAPAYA E COCCO

- *300 g di petto di pollo*
- *1* ***papaya***
- *1 cipolla*
- *1 cucchiaio di* ***zenzero*** *tritato*
- *1 cucchiaio di farina*
- *1 cucchiaio di paprika dolce*
- ***gomasio***
- *200 ml di latte di* ***cocco***
- *3 cucchiai d'***olio EVO**
- *1 lime*

Sbucciate e affettate la papaya, stando attenti a rimuovere tutti i semi.

Prendete il petto di pollo e infarinatelo con cura in modo da ricoprire l'intera superficie.

Mettete a soffriggere una cipolla tagliata a fette. Una volta ottenuto un soffritto dorato, aggiungete il pollo infarinato. Quando è quasi pronto,unite la papaya a fette, lo zenzero e il gomasio e fate cuocere per altri 5 minuti circa.

Nel mentre, aggiungete la paprika e il latte di cocco, fate rapprendere e servite con fette di lime.

POLLO THAI GLASSATO AL COCCO E ZENZERO

- *500 g di pollo disossato*
- *200 ml di latte di* ***cocco***
- *3 cm di* ***zenzero*** *fresco*
- *2 cucchiai di salsa di* ***soia***
- *1 cucchiaio di succo di lime*
- *2 spicchi d'aglio*
- *1 peperoncino fresco*
- *qualche foglia di basilico*
- *1 cucchiaio d'olio di semi*
- *1 cucchiaio di* ***anacardi***

Tagliate in grossi pezzi il pollo disossato lasciando la pelle.

Tritate finemente lo zenzero e l'aglio.

In una ciotola mescolate il latte di cocco, il succo di lime, il basilico fresco, il peperoncino a fettine, la salsa di soia, lo zenzero e l'aglio che avete appena tritati.

Aggiungete il pollo e lasciate marinare per circa un'ora in frigorifero.

Trascorso questo tempo, adagiate il pollo marinato su una teglia unta con l'olio e arrostite il pollo nel forno già caldo a 180 °C per circa 20 minuti. Finite la glassatura accendendo il grill fino a doratura completa e guarnite con anacardi.

POLPETTE DI RICOTTA CON GOJI E CIME DI RAPA

- *1 manciata di* ***bacche di goji***
- *200 g di* ***cime di rapa***
- *3 cucchiai d'****olio EVO***
- *2 cucchiai di aceto di mele*
- *1 spicchio d'aglio*
- *250 g di ricotta di pecora*
- *1* ***uovo***
- *1 manciata di pangrattato*
- *1 scalogno*
- *sale*
- *pepe*

Preparate le polpette con la ricotta aggiungendo l'uovo e lo scalogno tagliato a pezzettini e aggiustando di sale e pepe. Passate nel pangrattato e cuocete in forno preriscaldato a 180 °C fino a doratura.

Nel frattempo, fate rinvenire le bacche di goji in tre cucchiai d'olio e due di aceto di mele, aggiungendo anche sale e pepe. Pulite le cime di rapa e sbollentatele in acqua salata. Scolatele e fatele raffreddare. Ripassate le cime di rapa in padella con uno spicchio d'aglio, unite le bacche di goji con la marinatura e infine le polpette saltando il tutto in padella.

Servite calde.

POLPETTONE DI CAVOLFIORE ALLA CURCUMA E ANACARDI

- *1* ***cavolfiore***
- *1 cucchiaio di* ***curcuma***
- *2 cucchiai d'****olio EVO***
- *1 spicchio d'aglio*
- *3 cucchiai di parmigiano grattugiato*
- *200 g di* ***yogurt greco***
- *2* ***uova***
- *1 fetta di pane*
- *2 cucchiai di latte*
- *1 pizzico di noce moscata*
- *timo e maggiorana freschi*
- *1 cucchiaio di* ***anacardi***
- *sale*
- *pepe*

Preriscaldate il forno a 180 °C.

Tagliate il cavolfiore a pezzetti e cuocetelo in una padella con due cucchiai d'olio e uno spicchio d'aglio in camicia, insaporendolo con sale e pepe.

Quando il cavolfiore è cotto, buttate via l'aglio e frullate la verdura con la fetta di pane bagnata nel latte, la noce moscata, la curcuma, lo yogurt, gli anacardi interi e le erbe fresche.

Aggiungete le uova e il parmigiano e aggiustate di sale e pepe.

Mescolate bene e versate il polpettone in uno stampo da forno unto.

Fate cuocere per 30-40 minuti.

SALMONE CON MAIONESE DI MISO

- *1 trancio di **salmone** fresco*
- *6 cucchiai d'**olio EVO***
- *1 goccio di aceto*
- *3 **uova***
- *1 cucchiaino di **miso***

Nel frullatore rompete un uovo intero e aggiungeteci due tuorli. Mescolando, versate l'olio a filo e l'aceto. Quando la maionese è pronta, mettetela in una ciotola e aggiungeteci un cucchiaino di miso.

Cuocete il salmone a vapore e servitelo irrorato con la salsa.

SALMONE CROCCANTE ALLO ZENZERO E MIELE DI MANUKA

- *500 g di **salmone** fresco*
- *1 cucchiaio di **miele di manuka***
- *1 cucchiaio di **zenzero** fresco grattugiato*
- *1 cucchiaio di coriandolo in grani*
- *1 ciuffo di aneto*
- *1 cucchiaio di succo di limone*
- *4 cucchiai d'**olio EVO***
- ***semi di sesamo***
- *sale*

Preriscaldate il forno a 180 °C.

Mescolate lo zenzero con due cucchiai d'olio.

Tagliate il salmone a fette spesse e spennellatelo con questo olio.

MEDAGLIONI DI CECI ALLE ALGHE E TOFU

NIGIRI DI SALMONE

PAELLA CON ZENZERO, CURCUMA E MANDORLE

PALAK PANEER

QUINOA CON VERDURE PICCANTI E SEMINI

ALOO GOBI SPEZIATO

BISTECCA IN SALSA DI MIRTILLI

VERZA IN UMIDO

BROWNIE CON CRANBERRY, ANACARDI E SEMI

LAMINGTON AUSTRALIANI

MATCHAMISÙ

MOUSSE DI YOGURT CON COULIS DI MELAGRANA

MOUSSE RAW DI AVOCADO, CIOCCOLATO E FAVE DI CACAO

AYURVEDIC GOLDEN MILK

LATTE DI UNICORNO

SMOOTHIE DI MIRTILLI CON MENTA

Salate i filetti prima di impanarli nei semi di sesamo.

Mettete il salmone su una teglia rivestita con carta da forno, poi infornatelo per 10 minuti.

Intanto mescolate il coriandolo con l'olio, aggiungete il succo di un limone, il miele, l'aneto e un pizzico di sale.

Frullate il composto fino a ottenere una salsa omogenea.

Distribuite i filetti nei piatti e irrorateli con la salsa.

SALMONE E PAPAYA AL COCCO E ALGHE

- *1* ***papaya*** *ben matura*
- *500 g di filetto di* ***salmone*** *fresco*
- *succo di 2 lime*
- *succo e scorza di 1 limone*
- *1 cucchiaio di amido di mais*
- *20 g di* ***arame***
- *1 cucchiaio di* ***zenzero*** *tritato*
- *1 cucchiaio di* ***cocco*** *grattugiato*
- ***semi di sesamo*** *per guarnire*
- ***gomasio***

Sbucciate e tagliate la papaya a tocchetti e mettetela in una ciotola con un goccio di succo di lime.

Unite in un pentolino il succo di lime e di limone, la scorza, lo zenzero, le alghe, il gomasio e l'amido.

Mescolate continuamente e portate a bollore a fuoco basso finché la salsa non raggiunge la consistenza desiderata.

Fate raffreddare un po' e versate sulla papaya e sul salmone.

Guarnite con il cocco e i semi di sesamo.

SALMONE IN CROSTA DI MANDORLE E SEMINI

- *2 filetti di* ***salmone***
- *1 arancia*
- *succo e scorza di 1 limone*
- *3 cucchiai d'****olio EVO***
- *1 cucchiaio di* ***zenzero*** *tritato*
- *lamelle di* ***mandorle***
- ***semini***

In una pirofila mettete a marinare i filetti di salmone con il succo dell'arancia, il succo e la scorza del limone e lo zenzero tritato. Lasciateli in frigorifero per almeno un'ora coperti da uno strato di pellicola.

Riprendete i filetti di salmone, toglieteli dalla marinata e cospargeteli di semi vari e mandorle a lamelle. Tagliate i filetti a tranci.

Mettete i tranci ricavati su una teglia rivestita di carta da forno, aggiungete un filo d'olio e fate cuocere in forno già caldo per 20 minuti a 200 °C.

SALMONE IN CROSTA DI PAPAVERO E SESAMO CON MONTATA DI CURCUMA

- *700 g di filetto di* ***salmone*** *fresco*
- *3 cucchiai di* ***semi di papavero*** *e* ***sesamo***
- *1 cucchiaino di* ***curcuma***
- *100 ml di panna liquida*
- *1 cucchiaino di scorza di limone*
- *sale*
- *pepe*

Preriscaldate il forno a 180 °C.

Pulite il salmone e dividetelo in tranci.

Rotolate ogni trancio nei semi di papavero e sesamo. In una pirofila mettete la carta da forno e appoggiate il salmone con il dorso a contatto con la carta. Salate e pepate.

Infornate per circa 15 minuti.

Intanto grattate la scorza di limone, montate la panna con la curcuma e mettetela in una sac à poche. Servite il salmone affiancato da un'abbondante nuvola di panna dorata con sopra qualche pezzettino di scorza.

SALMONE TERIYAKI ALLO ZENZERO E KALE

- *300 g di **salmone** fresco*
- *2 cucchiai di salsa di **soia***
- *2 cucchiai di sakè*
- *2 g di maizena*
- *1 cucchiaio di zucchero*
- *1 spicchio d'aglio*
- *succo di 4 cm di radice di **zenzero** fresco grattugiata*
- ***semi di sesamo***
- *1 cespo di **kale***

Mettete tutti gli ingredienti della marinatura in un pentolino: soia, sakè, maizena, zucchero, aglio schiacciato e zenzero grattugiato. Accendete il fornello a fuoco basso e, mescolando, fate addensare la salsa per qualche minuto.

Tagliate il trancio di salmone a cubetti e immergetelo nella salsa in una ciotola coperta. Fate riposare in frigorifero per un'ora.

Trascorso il tempo necessario alla marinatura, rotolatelo nei semi di sesamo, infilzatelo negli spiedini e adagiatelo su un foglio di carta da forno. Infornatelo con il grill acceso per 15 minuti.

Servite gli spiedini di salmone su un letto di kale, condendoli con la salsa della marinatura.

SARDE A BECCAFICO ALLA PALERMITANA

- *8* ***sarde***
- *8 cucchiai di pangrattato*
- *1 manciata di pinoli*
- *1 manciata di uva sultanina*
- *2 spicchi d'aglio*
- *1 cucchiaio di zucchero*
- *1 ciuffo di prezzemolo*
- *5 cucchiai d'**olio EVO***
- *alloro*
- *3 cucchiai di succo di limone*
- *sale*
- *pepe*

Pulite le sarde levando interiora, testa e lisca centrale, ma lasciando la coda, e unite le due parti dal dorso.

Occupatevi della farcitura: tostate il pangrattato in poco olio, aggiungendo un paio di spicchi d'aglio tritati, un cucchiaio di zucchero e uno di prezzemolo tritato, poi i pinoli e l'uva sultanina fatta rinvenire in acqua tiepida. Mescolate unendo olio, sale e pepe.

Usate un cucchiaio per farcire le sarde. Arrotolate ciascuna sarda ripiena con la coda all'insù e spolveratela con pangrattato, olio e succo di limone su una teglia da forno alternando una foglia di alloro con ciascuna sarda. Cuocete a forno moderato per 15 minuti.

SARDE IN SAOR

- *500 g di* ***sarde***
- *500 g di cipolle rosse*
- *1 cucchiaio di farina*
- *4 cucchiai d'olio di semi di arachidi*
- *1 cucchiaio d'****olio evo***
- *1 cucchiaio di zucchero*
- *2 cucchiai di aceto di vino bianco*
- *1 pugno di uvetta*
- *1 pugno di pinoli*
- *1* ***cavolfiore***
- *sale*
- *pepe*

Pulite le sarde lasciando la coda attaccata. Infarinatele e friggetele in abbondante olio di arachidi. Scolatele e disponetele su un vassoio con carta assorbente.

Fate rinvenire l'uvetta in acqua tiepida.

Affettate le cipolle e fatele appassire in olio d'oliva. Salatele e pepatele, unite lo zucchero e l'aceto, cuocendo fino a evaporazione. Aggiungete l'uvetta e i pinoli. Disponete le sarde su un vassoio pulito e ricopritele con le cipolle calde. Lasciate riposare le sarde per almeno un giorno e gustatele fredde con cavolfiore al vapore.

SCALOPPINE AI MIRTILLI IN SALSA DI NOCI

- *4 scaloppine di maiale*
- *1 bicchiere di marsala*
- *2 cucchiai di maizena*
- *50 g di* ***noci***

- *125 g di **yogurt greco***
- *50 g di **mirtilli***
- *30 g di burro*
- *1 bicchiere di succo di **mirtilli***
- *dragoncello*
- *sale*
- *pepe*

Infarinate le scaloppine e cuocetele in una padella con il burro, sfumandole con il marsala.

In un frullatore, mettete il fondo di cottura, il succo di mirtilli, lo yogurt, le noci e il dragoncello, salate e pepate.

Versate la salsa sulle scaloppine, distribuite sopra una manciata di mirtilli, coprite con un coperchio e scaldate.

Servite subito.

STUFATO DI ALGA WAKAME E VERDURE

- *20 g di **wakame***
- *2 rape*
- *200 g di **cavolini di Bruxelles***
- *2 cipolle*
- *200 g di zucca*
- *4 cucchiai di salsa di **soia***
- *900 ml d'acqua*
- ***gomasio***

Lavate l'alga e lasciatela a mollo in acqua fredda per 3-4 minuti. Trascorso questo tempo sminuzzatela con un coltello e mettetela in una pentola con l'acqua, portandola a ebollizione.

Nel frattempo, sbucciate le cipolle e tagliatele in quattro.

Appena l'acqua bolle unitele nella pentola e fate cuocere per altri 5 minuti.

Tagliate anche le rape, i cavolini e la zucca cercando di fare dei pezzi di dimensioni uguali per uniformare la cottura.

Aggiungete prima le rape, poi i cavolini e infine la zucca.

Versate quattro cucchiai di salsa di soia e il gomasio, e alzate la fiamma.

Coprite e fate cuocere per 20 minuti.

TACCOLE ALLO YOGURT, CURCUMA E ZENZERO

- *500 g di **taccole***
- *1 fetta di pancetta affumicata*
- *3 cucchiai di **yogurt greco***
- *1 cucchiaino di **curcuma***
- *1 cucchiaino di **zenzero***
- *1 noce di burro*
- ***semini***
- *sale*
- *pepe*

Pulite le taccole e tagliatele in tre pezzi.

Scaldate il burro in una padella e saltate le taccole, unite lo yogurt con sale, pepe, zenzero e curcuma e fate rapprendere.

Rosolate la pancetta tagliata a pezzetti in una padellina e guarnite le taccole speziate con la pancetta croccante e i semini.

TARTARE DI AVOCADO CON VERDURE MIREPOIX E CODE DI GAMBERI

- *1 **avocado** non troppo maturo*
- *4 code di gambero*
- *1 lime*
- *1 carota*
- *1 costa di sedano*
- *1 falda di peperone*
- *1 scalogno*
- *1 manciata di lamelle di **mandorle***
- *sale*
- *pepe*

Tagliate le verdure e l'avocado in dadini regolari, aggiungete il succo di lime e condite con olio, sale e pepe.

Mescolate gentilmente il composto e mettete a raffreddare in frigorifero.

Con un coppapasta ricavate dei dischetti di tartare per ogni piatto e ricoprite con mandorle tostate e una coda di gambero appena scottata in padella.

TARTARE DI SALMONE CON INSALATA RUSSA ALLO ZENZERO E CURCUMA

- *1 patata*
- *200 g di **salmone** fresco precedentemente abbattuto*
- *1 carota*
- *qualche cimetta di **broccolo***
- *1 cucchiaio di **piselli** freschi*
- *1 cucchiaino di **zenzero** fresco grattugiato*
- *1 cucchiaino di **curcuma***

- *3 **uova***
- *1 cucchiaio d'olio di semi*
- *1 cucchiaino di aceto*
- *1 cucchiaino di succo di limone*
- *fleur de sel*
- *1 ciuffo di erba cipollina*
- *pepe*

Tagliate a cubetti la patata e la carota e cuocetele a vapore. A 5 minuti dalla cottura unite i piselli e i broccoli. Fate raffreddare.

Nel frullatore rompete un uovo intero e aggiungeteci due tuorli. Mescolando, versate l'olio a filo e l'aceto e, quando la maionese è pronta, mettetela in una ciotola.

Aggiustate di sale e pepe, aggiungete la curcuma e lo zenzero e mescolate.

Trasferite le verdure nella ciotola.

Tagliate il filetto di salmone al coltello, spruzzatelo con il succo di limone, ricavate delle porzioni con un anello da antipasti, guarnitelo con erba cipollina, fleur de sel e pepe macinato, e sistemate accanto l'insalata russa aromatica.

TARTARE DI SGOMBRO, ZENZERO E KALE

- *600 g di filetti freschissimi di **sgombro** precedentemente abbattuto*
- *1 cucchiaio di succo di pompelmo*
- *1 cucchiaio di succo di limone*
- *1 cipolla di Tropea*
- *1 pugno di **kale***
- *1 cucchiaino di **zenzero** fresco tritato*
- *2 cucchiai d'**olio EVO***
- *fleur de sel*

- *fiori di calendula*
- *pepe nero*

Tagliate a cubetti i filetti di sgombro precedentemente abbattuto e raccoglieteli in una ciotola.

Versate l'olio sul pesce in modo che il succo di agrumi non lo cuocia troppo, poi il succo di pompelmo e quello di limone appena spremuti.

Spolverizzate con fleur de sel, zenzero ed erba cipollina.

Mettete la cipolla di Tropea tagliata a fette sottilissime a bagno in acqua fredda acidulata per 30 minuti.

Aggiungete al pesce la cipolla, il sale e il pepe e lasciate marinare per 20 minuti in frigorifero.

Servite la tartare arrangiandola con grazia su foglie di kale e guarnendola con fiori freschi di calendula.

TIKKA MASALA DI TOFU

- *1 panetto di **tofu***
- *1 cipolla*
- *1 cucchiaino di concentrato di pomodoro*
- *1 cucchiaino di cumino in polvere*
- *1 cucchiaino di **zenzero** tritato*
- *1 cucchiaino di **curcuma***
- *1 cucchiaino di paprika*
- *1 cucchiaino di garam masala*
- *1 cucchiaino d'aglio tritato*
- *2 cucchiaini d'olio di semi*
- *3 cucchiai di **yogurt greco***
- *1 peperoncino*
- *1 cucchiaio di coriandolo tritato*
- *sale*

Tagliate a tocchetti il tofu.

Tritate finemente la cipolla.

Versate l'olio in una padella capiente e, una volta caldo, fate soffriggere la cipolla con lo zenzero.

Mettete il composto in una ciotola con lo yogurt e tutte le spezie.

Aggiungete il concentrato di pomodoro, la curcuma e il sale, e mescolate.

Versate i bocconcini di tofu nella ciotola e ricopriteli uniformemente con l'impasto. Infilzateli con degli spiedini, trasferiteli nella padella ancora unta e fate cuocere su tutti i lati.

Guarnite con coriandolo tritato.

UOVA E SPINACI AL FORNO

- *1 kg di spinaci freschi*
- *4 uova*
- *4 cucchiai di parmigiano grattugiato*
- *50 g di burro*
- *sale*
- *pepe*

Pulite gli spinaci e saltateli nel burro.

Salate, pepate, aggiungete il parmigiano e distribuiteli in ciotoline singole.

Rompete un uovo sopra ogni porzione di spinaci e pepate.

Trasferite le ciotoline su una placca da forno e cuocete a 200 °C fino a che l'albume si sarà rappreso. Servite caldi con pane abbrustolito.

USKUMRU DOLMASI (SGOMBRO FARCITO ALLA TURCA)

- *1 kg di* ***sgombro*** *fresco*
- *6 cipolle*
- *1 pugno di pangrattato*
- *1 manciata di gherigli di* ***noce***
- *qualche pinolo*
- *1 cucchiaio di uva sultanina*
- *1 cucchiaio di farina*
- *1 pizzico di cannella*
- *prezzemolo fresco*
- *2* ***uova***
- *olio di semi per friggere*
- *sale*
- *pepe*

Pulite perfettamente il pesce.

Preparate la cipolla triturata finemente e mescolatela con l'uvetta, i pinoli e le noci, aggiungete un pizzico di cannella, un pugno di pangrattato, abbondante prezzemolo tritato, sale, pepe e un filo d'olio.

Farcite gli sgombri con il composto così ottenuto e procedete alla loro panatura, quindi dorateli nell'olio bollente.

Asciugateli sulla carta assorbente e serviteli freddi con anelli di cipolla, pomodori e carote.

VERZA ALLO ZENZERO CON UVETTA E MANDORLE

- *1 kg di* ***cavolo verza***
- *3-4 filetti di* ***acciughe***
- *1 spicchio d'aglio*

- *1 pugno di uva sultanina*
- *qualche* ***mandorla***
- *1 cucchiaino di* ***zenzero***
- *3 cucchiai d'****olio EVO***
- *½ bicchiere di una miscela di vino e aceto bianchi*
- *1 cucchiaio di aceto bianco*
- *sale*
- *pepe*

Sfogliate la verza e lavatela eliminando le costole dure, poi tagliate il cavolo in una julienne sottile.

Raccogliete in un'insalatiera tre-quattro filetti di acciughe tritati, lo zenzero, un cucchiaio di aceto, un cucchiaio d'olio, l'aglio grattugiato e condite con sale e pepe. Mescolate bene e unite la julienne di cavolo.

Fate ammollare l'uvetta in acqua tiepida.

Scaldate l'olio in un tegame, unite la verza, aggiustate di sale e fate cuocere a fuoco basso per circa 15 minuti.

Quando il cavolo sarà ben appassito, bagnate con la miscela di vino e aceto e proseguite la cottura per altri 15 minuti.

Verso fine cottura, unite le mandorle e l'uvetta sgocciolata e servite.

VERZA IN UMIDO

- *1 kg di* ***cavolo verza***
- *1 cipolla*
- *1 costa di sedano*
- *1 carota*
- *400 g di polpa di pomodoro*
- *1 foglia di alloro*

- *2 salsicce*
- *1 cucchiaino di **zenzero***
- *3 cucchiai d'**olio EVO***
- *sale*
- *pepe nero*

Sfogliate la verza e lavatela eliminando le costole dure, poi tagliate il cavolo grossolanamente.

Fate una mirepoix delle altre verdure e soffriggetele in un tegame capiente.

Aggiungete lo zenzero, l'alloro e un bicchiere d'acqua. Unite il cavolo e il pomodoro, le salsicce tagliate, salate, pepate e coprite. Fate sobbollire fino a cottura ultimata.

DOLCI

ACAI BOWL

- *1 tazza di latte di* ***cocco***
- *1 vasetto di* ***yogurt greco***
- *½* ***papaya***
- *1 cucchiaio di sciroppo d'agave*
- *1 cucchiaio di* ***acai*** *in polvere*
- *2 cucchiai di* ***frutti rossi***
- *cereali a piacere*
- ***semi di chia***
- *1 cucchiaino di* ***cocco*** *essiccato*
- *1 cucchiaino di lamelle di* ***mandorle***

Amalgamate tutti gli ingredienti in un frullatore fino a quando non otterrete un composto cremoso e decorate con cocco, frutti rossi e mandorle.

BARFI AL COCCO E MANDORLE

- *225 ml di latte condensato*
- *225 g di* ***cocco*** *rapè*
- *2 cucchiai di* ***mandorle***

Scaldate in una padella il latte condensato, aggiungete il cocco e le mandorle. Fate rapprendere e versate sulla carta da forno. Fate raffreddare e tagliate a rombi.

BARRETTE AI SEMI E MIELE DI MANUKA

- *1 tazza di* ***semi di chia***
- *1 tazza di* ***semi di sesamo***

- *1 tazza di* ***semi di girasole***
- *1 tazza di* ***semi di zucca***
- *3 cucchiai di* ***semi di lino***
- *4 cucchiai di* ***miele di manuka***
- *2 tazze d'acqua*

Prendete una ciotola capiente e versate al suo interno l'acqua e tutti i semi.

Mescolate bene e lasciate che la chia e il lino assorbano l'acqua, facendo fuoriuscire il loro gel.

Poi unite il miele e amalgamate.

Versate il composto su una teglia.

Fate cuocere in forno preriscaldato a 160 °C per un'ora, poi estraete la teglia dal forno, lasciate raffreddare un po' e tagliate in barrette.

Fate essiccare bene e conservate in una scatola per biscotti chiusa.

BARRETTE SUPERFOOD

- *6 datteri*
- *1 cucchiaio di* ***mandorle***
- *1 cucchiaio di* ***fave di cacao***
- *2 cucchiai di* ***bacche di goji***
- *1 tazza di* ***amaranto*** *soffiato*
- *50 g di* ***cioccolata fondente***
- *6 cucchiai di latte di* ***cocco***
- *2 cucchiai di farina di* ***cocco***
- *1 cucchiaio di* ***miele di manuka***
- *4* ***noci***
- *8* ***anacardi***

Frullate i datteri fino a renderli pastosi e metteteli in una ciotola. Spezzettate grossolanamente la frutta secca e unitela nella ciotola, aggiungete le bacche di goji, l'amaranto soffiato, il miele, il latte e la farina di cocco, e impastate insieme al resto.

Pressate il composto sopra della carta da forno. Sciogliete a bagnomaria la cioccolata e colatela sull'impasto. Fate raffreddare nel freezer e tagliate in barrette.

BAVARESE ALLA SALSA DI MIRTILLI

- *300 ml di latte*
- *200 ml di panna*
- *250 ml di **yogurt greco***
- *150 g di zucchero*
- *4 tuorli d'**uovo***
- *1 stecca di vaniglia*
- *scorza di ½ limone*
- *1 cucchiaino di succo di limone*
- *15 g di gelatina in fogli*
- *1 pizzico di sale*

Per la salsa:
- *300 g di **mirtilli***
- *1 cucchiaino di sherry*
- *2 cucchiai di zucchero di **cocco***

Ammorbidite la gelatina in acqua fredda.

A fuoco basso, scaldate il latte con dentro i semini di vaniglia, che avrete estratto raschiandoli con un coltello, e la scorza di limone.

Sbattete i tuorli con lo zucchero e un pizzico di sale fino a renderli spumosi.

Aggiungete delicatamente lo yogurt, qualche goccia di limone, poi il latte tiepido.

In un tegame cuocete a fuoco dolce per circa 10 minuti, mescolando con un cucchiaio di legno.

Strizzate i fogli di gelatina, aggiungeteli alla crema, sempre mescolando dolcemente. Quando il composto assume una consistenza omogenea, spegnete il fuoco e lasciate raffreddare.

Montate la panna senza farla a neve, aggiungetela al composto ancora non raffreddato del tutto e mescolate con cura.

Versate in uno stampo unto e lasciatelo in frigorifero fino a completa solidificazione.

Mettete mirtilli e zucchero in un pentolino e fate una composta, poi sfumate con lo sherry.

Prima di servire, scaldate la salsa di mirtilli allungandola con un goccio di sherry.

Rovesciate lo stampo e colate la salsa calda sopra.

BISCOTTI AL COCCO, CURCUMA, MANDORLE E GOJI

- *250 g di farina di* ***cocco***
- *50 g di fecola di patate*
- *60 g di burro*
- *1* ***uovo***
- *70 g di zucchero di* ***cocco***
- *2 cucchiai di* ***curcuma***
- *1 cucchiaio di* ***bacche di goji***
- *1 cucchiaio di lamelle di* ***mandorle***
- *1 cucchiaio di cannella*
- *200 ml di latte di* ***cocco***

In una terrina mescolate la farina di cocco con la fecola di patate, lo zucchero grezzo, l'uovo e il burro ammorbidito.

Aggiungete curcuma, goji, cannella in polvere e latte.

Mescolate il composto, unite le lamelle di mandorle e lasciate riposare in frigorifero per 15 minuti.

Poi stendete l'impasto e con uno stampino ricavate i biscotti.

Cuocete in forno già caldo a 180 °C per 20 minuti.

BISCOTTINI VEGANI ALLA SPIRULINA

- *150 g di farina di riso integrale*
- *30 g d'olio di semi di mais*
- *20 g di fecola di patate*
- *60 g di farina di* ***cocco***
- *100 g di latte di* ***soia***
- *30 g di zucchero di* ***cocco***
- *3 cucchiai di* ***fave di cacao***
- *1 cucchiaino di lievito in polvere*
- *1 cucchiaino di* ***spirulina***

Setacciate la farina di riso, la fecola di patate e il lievito sciolto in un po' d'acqua tiepida con un pizzico di zucchero.

Aggiungete lo zucchero, il latte di soia e la farina di cocco, mescolate bene amalgamando la spirulina e le fave di cacao spezzettate.

Fate riposare l'impasto per un'ora.

Preriscaldate il forno a 200 °C. Stendete l'impasto e date forma ai biscotti sistemandoli sulla leccarda ricoperta da carta da forno.

BROWNIE CON CRANBERRY, ANACARDI E SEMI

- *100 g di **cioccolato fondente***
- *20 g di **cacao amaro***
- *30 g di **cranberry***
- *10 **anacardi***
- *120 g di **semi di zucca, girasole** e **sesamo***
- *200 g di burro*
- *200 g di zucchero semolato*
- *4 **uova***
- *140 g di farina*
- *1 stecca di vaniglia*

Fondete a bagnomaria il burro con il cioccolato e i semi di vaniglia.

In una planetaria versate la cioccolata fusa con le uova, la farina, il cacao e tutti i semi, compresi gli anacardi, e amalgamate molto bene. Aggiungete i cranberry.

Versate in uno stampo rettangolare imburrato e infarinato, cuocete in forno già caldo a 180 °C per 30 minuti.

Sfornate, lasciate raffreddare, quindi tagliate in quadrotti.

BROWNIE CON NOCI, MANDORLE E FAVE DI CACAO

- *100 g di **cioccolato fondente***
- *20 g di **cacao amaro***
- *10 **fave di cacao***
- *10 **mandorle***
- *120 g di gherigli di **noce***
- *200 g di burro*
- *200 g di zucchero semolato*
- *4 **uova***

- *140 g di farina*
- *1 stecca di vaniglia*

Fondete a bagnomaria il burro con il cioccolato e i semi di vaniglia.

In una planetaria versate la cioccolata fusa con le uova, la farina, il cacao e amalgamate molto bene. Terminate con le fave di cacao, private del guscio e spezzettate nel mortaio, poi unite le noci e le mandorle tagliate grossolanamente.

Versate in uno stampo rettangolare imburrato e infarinato, cuocete in forno già caldo a 180 °C per 30 minuti.

Sfornate, lasciate raffreddare, quindi tagliate in quadrotti.

BUDINO DI QUINOA AL COCCO E MIRTILLI

- *100 g di **quinoa** bianca*
- *40 g di zucchero di **cocco***
- *200 ml di latte di **cocco***
- *125 g di **mirtilli** freschi*
- *15 g di farina di **cocco***

Versate il latte di cocco in un tegamino insieme alla quinoa, portate a ebollizione fino a cottura ultimata.

Aggiungete lo zucchero e stemperatelo nella miscela.

Versate la farina di cocco e continuate la cottura fino a quando la quinoa avrà assorbito il latte di cocco.

A fine cottura aggiungete parte dei mirtilli per donare colore e acidità al composto. Lasciate raffreddare per un'ora, quindi trasferite il budino di quinoa in vasetti di vetro, stratificandolo con i mirtilli freschi.

Fate raffreddare per un'ora e servite.

CHEESECAKE ALLA SPIRULINA

- *250 g di biscotti tipo Digestive*
- *50 g di granella di* ***anacardi***
- *70 g di burro*
- *250 g di* ***yogurt greco***
- *250 ml di panna fresca*
- *2 cucchiaini di* ***spirulina***
- *50 g di zucchero grezzo mascobado*
- *100 ml di* ***miele*** *liquido*
- *3 fogli di colla di pesce*
- *1 manciata di* ***mirtilli rossi*** *freschi per guarnire*

Imburrate e infarinate il fondo di una tortiera apribile.

Tritate grossolanamente gli anacardi e i biscotti, fondete leggermente il burro e aggiungetelo. Premete con le mani il composto sul fondo della tortiera.

Tostatelo appena in forno a 180 °C per circa 10 minuti, sfornate e mettete a raffreddare.

In una ciotola, mescolate lo yogurt con la spirulina, lo zucchero e il miele.

Fate ammorbidire la colla di pesce in acqua fredda, poi strizzatela.

Trasferitela in un pentolino e fatela sciogliere a fuoco molto dolce, poi aggiungetela alla crema di yogurt.

Guarnite con mirtilli rossi.

COPPA ALLA MELAGRANA, PAPAYA E YOGURT

- *1* ***melagrana***
- *½* ***papaya***
- *250 g di* ***yogurt greco***

- *100 g di zucchero di* ***cocco***
- *250 ml di panna montata*

Montate la panna con lo sbattitore. Mescolate lo yogurt con 50 g di zucchero.

Estraete il succo dalla melagrana. Prendete un pentolino e caramellate la melagrana con il resto dello zucchero.

Tagliate la papaya a cubetti e mescolatela allo yogurt e alla panna.

Distribuite la crema in coppe singole, irrorate con la salsa e decorate con chicchi di melagrana e frutti rossi. Mettete in freezer per 15 minuti prima di servire con il cucchiaio.

COUSCOUS DOLCE ALLA CURCUMA E MIELE DI MANUKA

- *300 g di couscous*
- *1 noce di burro*
- *1 cucchiaio di* ***curcuma***
- *12 albicocche secche*
- *6 prugne secche*
- *1 pugno di* ***mandorle***
- *1 cucchiaio di* ***noci***
- *3 cucchiai di zucchero di canna*
- *1 cucchiaio di* ***miele di manuka***

Bollite l'acqua in quantità pari a una volta e mezzo il couscous. Mettete il couscous in una ciotola capiente, cospargete con la curcuma, lo zucchero di canna e il burro, versate l'acqua bollente e coprite per 6 minuti.

Una volta pronto il couscous, sgranatelo con una forchetta e mescolatelo con la frutta secca e il miele e servite.

CREMOSO ALLA CURCUMA E SESAMO

- *500 ml di latte*
- *100 ml di* ***yogurt greco***
- *40 g di farina*
- *100 g di zucchero semolato*
- *1 cucchiaio di* ***curcuma***
- ***semi di sesamo***

Sciogliete lo zucchero e la farina, aggiungendo il latte freddo poco alla volta per non creare grumi. Unite lo yogurt al composto, mescolate e mettete su fuoco vivace continuando a mescolare fino a bollore. A quel punto abbassate leggermente la fiamma senza smettere di mescolare, fino a quando la crema non si sarà addensata, aggiungendo la curcuma.

Lasciate raffreddare e guarnite con semi di sesamo.

CROCCANTE ALLE MANDORLE E MIELE

- *400 g di* ***mandorle***
- *3 cucchiai d'acqua*
- *2 cucchiaini di succo di limone*
- *400 g di zucchero*
- *2 cucchiaini di* ***miele***

Mettete in una padella capiente lo zucchero, il miele, l'acqua e il succo di limone, accendete il fuoco a fiamma media e fate caramellare mescolando, fino a quando lo zucchero assumerà un colore biondo-dorato. Una volta che lo zucchero caramellato sarà pronto, unite anche le mandorle e, a fiamma bassissima, mescolate ancora per amalgamare bene il tutto.

Togliete dal fuoco e versate immediatamente il composto su una teglia rivestita di carta da forno oleata con un po' d'olio di semi e, con l'aiuto di una spatola unta precedentemente, livellate il tutto, facendo in modo che lo spessore risulti uniforme.

Lasciate raffreddare e poi, prima che il caramello si sia solidificato completamente, tagliate il croccante e fatelo indurire.

CROSTATA CON MIRTILLI E FAVE DI CACAO

- *250 g di farina 00*
- *200 g di burro*
- *120 g di zucchero a velo*
- *50 g di* ***cacao amaro*** *in polvere*
- *2 tuorli d'****uovo***
- *1 cucchiaio d'acqua fredda*
- *2 cucchiai di* ***fave di cacao*** *tritate grossolanamente*
- *125 g di* ***mirtilli*** *freschi*
- *100 g di zucchero di* ***cocco***
- *1 stecca di vaniglia*
- *succo di ½ limone*

In un recipiente mescolate farina, zucchero, cacao in polvere, fave di cacao tritate grossolanamente e burro freddo a pezzetti.

Aggiungete i tuorli e il cucchiaio d'acqua fredda e impastate velocemente.

Fate una palla, avvolgetela in pellicola trasparente e riponetela in frigorifero per almeno 2 ore.

Poi stendete l'impasto, tenendone da parte una piccola quantità, e rivestite uno stampo da crostata, imburrato e infarinato o ricoperto di carta da forno.

Bucherellatelo con una forchetta.

Preparate la salsa di mirtilli cuocendoli per 20 minuti in una padella insieme allo zucchero, i semi della stecca di vaniglia e il succo di limone.

Versate la salsa sopra il fondo della crostata e ricopritelo con striscioline di pasta incrociate a gratella.

Infornate a 180 °C per circa 30 minuti.

FROZEN YOGURT AL TÈ VERDE

- *150 g di zucchero*
- *6 cucchiaini di **tè matcha***
- *50 ml di latte*
- *700 g di **yogurt greco***

In un contenitore mescolate lo zucchero con il matcha setacciato.

Unite il latte e mescolate bene per sciogliere il tutto. Aggiungete lo yogurt e amalgamate.

Lasciate raffreddare in frigorifero almeno un'ora o 10 minuti in freezer, quindi proseguite seguendo le istruzioni della vostra gelatiera.

FUDGE AL CIOCCOLATO, AMARANTO E ZENZERO

- *170 ml di latte condensato*
- *20 g di burro*
- *50 g di **amaranto** soffiato*
- *200 g di **cioccolato fondente***
- *2 cucchiai di **zenzero** fresco grattugiato*

Fate sciogliere a bagnomaria il cioccolato fondente e il burro. Togliete dal fuoco e aggiungete il latte condensato mescolando, e poi lo zenzero grattugiato e l'amaranto soffiato.

Trasferite subito l'impasto in uno stampo quadrato e coprite con pellicola trasparente. Fate riposare il fudge in frigorifero per 2 ore, poi mettetelo su un piano con della carta da forno, tagliatelo a quadrotti spessi e servitelo a temperatura ambiente.

GELATO AL TÈ VERDE E FAVE DI CACAO

- *4 tuorli d'**uovo***
- *½ l di latte*
- *1 stecca di vaniglia*
- *½ bustina di zucchero vanigliato*
- *100 g di zucchero*
- *1 cucchiaio di **tè matcha***
- ***fave di cacao***

Fate bollire il latte con la stecca di vaniglia e lo zucchero vanigliato, poi spegnete il fuoco e lasciate riposare.

Sbattete i tuorli con lo zucchero, aggiungete poco alla volta il latte caldo e un cucchiaio di tè verde e fate cuocere a fuoco dolce mescolando, senza far bollire.

Quando la crema comincia a addensarsi, togliete dal fuoco e lasciate raffreddare. Passate la crema al setaccio e versatela nella gelatiera, oppure mettetela nel freezer e giratela ogni 30 minuti.

Distribuite il gelato in quattro coppette e decorate con fave di cacao.

GELATO ALLA CURCUMA, MIELE, PAPAVERO E SESAMO

- *4 tuorli d'**uovo***
- *½ l di latte*
- *1 stecca di vaniglia*
- *½ bustina di zucchero vanigliato*
- *100 g di zucchero*
- *2 cucchiai di **miele di manuka***
- *1 cucchiaio di **curcuma***
- *1 cucchiaio di **semi di sesamo***
- *1 cucchiaio di semi di **papavero***

Fate bollire il latte con la stecca di vaniglia e lo zucchero vanigliato, poi spegnete il fuoco e lasciate riposare.

Sbattete i tuorli con lo zucchero, aggiungete poco alla volta il latte caldo e un cucchiaio di curcuma, poi il miele e fate cuocere a fuoco dolce mescolando, senza far bollire.

Quando la crema comincia a addensarsi, togliete dal fuoco e lasciate raffreddare. Passate la crema al setaccio e versatela nella gelatiera, oppure mettetela nel freezer e giratela ogni 30 minuti. Distribuite il gelato in quattro coppette e decorate con semi di sesamo e papavero e miele.

GELATO ALLA PAPAYA CON GRANELLA DI MANDORLE E SHISO

- *1 **papaya** matura*
- *20 foglie di shiso*
- *1 vasetto di **yogurt greco***
- *1 tazza di latte di **cocco***
- *1 pugno di **mandorle***

- *2 cucchiai di* ***miele di manuka***
- *5 cucchiai di zucchero di canna*

Preriscaldate il forno a 170 °C.

Fate a fette la papaya e colateci sopra un cucchiaio di miele e lo zucchero, e arrostitele.

Refrigeratele per qualche ora.

In un pentolino, mescolate lo shiso, lo yogurt, il latte di cocco e il miele a fuoco medio, fino a quando non bolle. Coprite e lasciate riposare la crema allo shiso per circa 15 minuti.

Filtrate la miscela con un colino in una ciotola.

Premete le foglie di shiso con un cucchiaio per estrarne tutto il sapore.

Lasciate raffreddare e refrigerate per almeno 5 ore.

Poi mescolate il composto allo shiso con la papaya e mettete tutto nella gelatiera.

Riducete le mandorle a pezzetti grossolani e tostatele in un padellino.

Quando il gelato sarà pronto, servitelo in coppette con la granella di mandorle e qualche fogliolina di shiso fresco.

GELO DI ZENZERO E LIME

- *2 cm di* ***zenzero*** *fresco*
- *1 cucchiaio di amido di mais*
- *2 cucchiai di zucchero*
- *½ l d'acqua*
- *1 cucchiaio di succo di lime*

Riducete lo zenzero in poltiglia, tritandolo finemente. Filtratene il succo e mescolatelo in un pentolino con il succo di lime, l'amido di mais e lo zucchero, aggiungete l'acqua e mescolate.

Ponete il pentolino sul fuoco a fiamma bassa e mescolate finché il composto non si addensa.

Versate il gelo così ottenuto in coppettine, lasciate raffreddare e servite.

LAMINGTON AUSTRALIANI

- *125 g di zucchero semolato*
- *125 g di farina 00*
- *60 g di fecola di patate*
- *3* ***uova***
- *25 di g burro*
- *½ bustina di lievito per dolci*

Per la glassa:

- *250 g di zucchero a velo vanigliato*
- *125 ml di latte*
- *25 g di* ***cacao amaro***
- *100 g di* ***cioccolato fondente***
- *35 g di burro*
- ***cocco*** *rapè*

Montate le uova con lo zucchero. Scaldate tre cucchiai d'acqua e fatevi sciogliere il burro. Unitelo a filo, sempre mescolando, al composto di uova e zucchero.

Aggiungete la farina setacciata con la fecola e il lievito.

Versate l'impasto in una teglia rettangolare e infornate a 180 °C per 20 minuti.

Dopo la cottura sformate su carta da forno e lasciate raffreddare. Tagliate in rettangoli.

Preparate la glassa setacciando in un pentolino lo zucchero a velo e il cacao, poi unite a filo il latte e mescolate.

Mettete il pentolino a bagnomaria, aggiungete il burro e il cioccolato spezzettato e continuate a mescolare con un cucchiaio di legno fino a ottenere un composto uniforme.

Immergete i ritagli di pan di Spagna a uno a uno nella glassa e fate colare il cioccolato in eccesso su una griglia. Rotolate i rettangoli glassati nel cocco rapè e fateli asciugare.

MATCHAMISÙ

- *2 cucchiaini di* ***tè matcha*** *in polvere*
- *200 ml d'acqua filtrata*
- *3* ***uova***
- *4 cucchiai di zucchero*
- *250 g di mascarpone*
- *savoiardi artigianali*
- *qualche violetta per guarnire*

Scaldate l'acqua filtrata a circa 70 °C. Mettete un cucchiaio colmo di polvere di tè matcha nell'acqua e mescolate velocemente.

Aggiungete un cucchiaio di zucchero, mescolate ancora e lasciate raffreddare a temperatura ambiente. Separate perfettamente i tuorli dagli albumi e conservate gli albumi a temperatura ambiente in un recipiente asciutto.

Sbattete i tuorli energicamente con tre cucchiai di zucchero. Aggiungete il mascarpone e un cucchiaino di matcha in polvere e continuate a lavorare fino a ottenere una crema omogenea. Trasferite il tè, colandolo, in un recipiente ampio e inzuppatevi i savoiardi interi.

Montate gli albumi a neve ferma, usando una frusta asciutta e pulita.

Incorporate una cucchiaiata di albumi montati alla volta alla crema di mascarpone mescolando sempre in senso orario dal basso verso l'alto, mentre girate contemporaneamente la ciotola in senso antiorario.

Distribuite i savoiardi inzuppati nelle coppette, alternandoli con uno strato di soffice crema al mascarpone e lasciate raffreddare il vostro matchamisù.

Finite con una spolverata di tè matcha, aiutandovi con un colino, e guarnite con violette.

MATTONELLA CIOCCOLATO E NOCI

- *1 tazzina di caffè espresso*
- *240 g di* ***cioccolato fondente*** *al 70%*
- *100 g di burro*
- *3* ***uova***
- *60 g di zucchero semolato*
- *60 g di zucchero di canna*
- *55 g di farina*
- *40 g di gherigli di* ***noce***
- *10* ***fave di cacao***

Preparate il caffè e lasciatelo intiepidire. Sciogliete a bagnomaria il cioccolato fondente e il burro, aggiungete il caffè e fate raffreddare il composto.

Preriscaldate il forno a 150 °C.

A parte, in una terrina, sbattete le uova con i due tipi di zucchero fino a ottenere una crema spumosa, incorporate il composto di cioccolato, burro e caffè a temperatura ambiente, mescolando delicatamente. Aggiungete la farina setacciata e le noci, e mescolate.

Versate in uno stampo, cospargete con i gherigli di noce e con le fave di cacao e infornate per 15 minuti.

Mettete lo stampo su una griglia per far raffreddare completamente prima di tagliare in quadrati.

MORINGAMISÙ

- *120 g di savoiardi*
- *500 g di **yogurt greco***
- *100 ml d'acqua*
- *1 cucchiaio di tisana alla **moringa***
- *2 cucchiai di **cocco** rapè*
- *2 cucchiai di zucchero di canna*

Preparate la tisana alla moringa, utilizzando un cucchiaio di tisana in 100 ml d'acqua a 80 °C per 8 minuti di infusione, e lasciatela raffreddare.

Intanto mescolate lo yogurt con il cocco e lo zucchero.

Prendete quattro ciotole di vetro e disponete all'interno un primo strato di yogurt, aiutandovi con un cucchiaio.

Inzuppate appena i savoiardi nella tisana precedentemente preparata.

Una volta composto il primo strato di biscotti, aggiungete ancora uno strato di yogurt, fino ad arrivare a un totale di quattro strati.

Decorate con foglie di moringa secche e lasciate raffreddare per 4 ore.

MOUSSE DI YOGURT CON COULIS DI MELAGRANA

- *150 ml di succo di* ***melagrana***
- *3 cucchiaini di zucchero*
- *3 cucchiai di miele*
- *20 g di maizena*
- *200 g di* ***yogurt greco***
- *100 g di panna liquida*

Sgranate una melagrana e ricavatene il succo, lasciate da parte qualche chicco intero per la decorazione. Trasferite il succo in un pentolino insieme allo zucchero e portate a ebollizione, quindi sciogliete la maizena in 10 ml d'acqua e versate il composto nella coulis di melagrana, amalgamate bene lavorando sempre con una frusta e spegnete il fornello non appena la salsa si addensa.

Fate raffreddare prima a temperatura ambiente e poi in frigorifero.

In una ciotola amalgamate lo yogurt insieme al miele. Montate la panna a neve fermissima e incorporatela delicatamente al composto, utilizzando un cucchiaio di legno.

Quindi amalgamate il tutto utilizzando di nuovo le fruste elettriche per pochi secondi.

Ponete la mousse in frigorifero a raffreddare.

Quando le due preparazioni saranno fredde, distribuite in ogni bicchierino un cucchiaio di mousse, poi versate delicatamente un cucchiaino di coulis di melagrana.

Decorate con i chicchi di melagrana lasciati interi e servite subito.

MOUSSE RAW DI AVOCADO, CIOCCOLATO E FAVE DI CACAO

- *1 **avocado***
- *125 g di **yogurt greco***
- *3 cucchiai di zucchero a velo*
- *10 g di **cacao amaro***
- *10 **fave di cacao***
- *menta per guarnire*

Frullate tutti gli ingredienti, distribuite la mousse in coppette, refrigerate e decorate con una foglia di menta.

MUFFIN AL MATCHA E COCCO

- *250 ml d'acqua*
- *160 g di zucchero semolato*
- *220 g di farina 00*
- *70 g di **yogurt greco***
- *1 **uovo***
- *6 cucchiai d'olio di semi*
- *10 g di **tè matcha***
- *16 g di lievito in polvere per dolci*
- *4 cucchiai di polvere di **cocco** rapè*

Preriscaldate il forno a 180 °C.

Mescolate in una ciotola lo zucchero, l'olio, lo yogurt e il matcha, aggiungete la farina, l'uovo e il lievito e amalgamate fino a ottenere un composto omogeneo.

Riempite dei pirottini e infornate.

Decorate con cocco grattugiato.

PANCAKE ALLA CHLORELLA IN BOTTIGLIA CON BACCHE DI GOJI E YOGURT

- *200 g di farina 00*
- *50 g di zucchero semolato*
- *1* ***uovo***
- *1 cucchiaio di* ***chlorella***
- *1 cucchiaino di lievito per dolci*
- *250 ml di latte*
- *2 cucchiai di* ***bacche di goji***
- *1 cucchiaio di* ***yogurt greco***
- *1 noce di burro per la padella*
- *1 bottiglia di plastica*

Prendete una bottiglia di plastica vuota e, aiutandovi con un imbuto, riempitela con la farina, la chlorella, lo zucchero e il lievito, poi unite l'uovo intero e il latte.

Tappate bene la bottiglia e sbattete energicamente, in modo che tutti gli ingredienti si amalgamino perfettamente.

Ungete appena una padella con il burro, scaldatela e versate un po' di impasto dalla bottiglia. Fate cuocere pochi minuti per lato, servite con yogurt e bacche di goji.

PANCAKE ALLA CURCUMA IN BOTTIGLIA CON MIRTILLI

- *200 g di farina 00*
- *50 g di zucchero semolato*
- *1* ***uovo***
- *1 cucchiaio di* ***curcuma***
- *1 cucchiaino di lievito per dolci*
- *250 ml di latte*

- *100 g di **mirtilli***
- *1 cucchiaio di **miele di manuka***
- *1 noce di burro per la padella*
- *1 bottiglia di plastica*

Prendete una bottiglia di plastica vuota e, aiutandovi con un imbuto, riempitela con la farina, la curcuma, lo zucchero e il lievito, poi unite l'uovo intero e il latte.

Tappate bene la bottiglia e sbattete energicamente, in modo che tutti gli ingredienti si amalgamino perfettamente.

Ungete appena una padella con il burro, scaldatela e versate un po' di impasto dalla bottiglia.

Fate cuocere pochi minuti per lato, servite con miele di manuka e mirtilli freschi o con sciroppo d'acero e burro.

PANCAKE ALLA SPIRULINA IN BOTTIGLIA CON FRUTTI ROSSI

- *200 g di farina 00*
- *50 g di zucchero semolato*
- *1 **uovo***
- *1 cucchiaio di **spirulina***
- *1 cucchiaino di lievito per dolci*
- *250 ml di latte*
- *100 g di **frutti rossi***
- *1 cucchiaio di **miele di manuka***
- *1 noce di burro per la padella*
- *1 bottiglia di plastica*

Prendete una bottiglia di plastica vuota e, aiutandovi con un imbuto, riempitela con la farina, la spirulina, lo zucchero e il lievito, poi unite l'uovo intero e il latte.

Tappate bene la bottiglia e sbattete energicamente, in modo che tutti gli ingredienti si amalgamino perfettamente.

Ungete appena una padella con il burro, scaldatela e versate un po' di impasto dalla bottiglia.

Fate cuocere pochi minuti per lato, servite con miele di manuka e frutti rossi freschi o con sciroppo d'acero e burro.

PAPAYA IN SALSETTA TAITA

- *1* ***papaya*** *ben matura*
- *succo di 2 arance*
- *succo e scorza di 1 limone*
- *1 cucchiaio di amido di mais*
- *1 cucchiaio di* ***miele di manuka***
- *1 cucchiaio di zucchero di canna*
- *1 cucchiaino di* ***zenzero*** *grattugiato*
- ***cocco*** *grattugiato*
- ***semi di sesamo*** *per guarnire*

Sbucciate e tagliate la papaya, poi trasferitela in una ciotola con un goccio di succo di limone e lo zucchero.

Mettete in un pentolino il succo di arancia e di limone, la scorza di limone grattugiata, lo zenzero, il miele e l'amido.

Mescolate continuamente e portate a bollore a fuoco basso finché non si addensa.

Fate raffreddare e versate sulla papaya.

Guarnite con il cocco e i semi di sesamo.

POWER BOWL BRASILIANA

- *200 g di purè di **acai***
- *2 banane*
- *1 pugno di **mirtilli***
- *1 pugno di granola*
- *30 g di **cocco** fresco*
- *fragole*

Mescolate una banana con il purè di acai e metteteli in una ciotola. Affettate l'altra banana e il cocco e disponeteli sopra. Guarnite con granola, fragole e mirtilli.

POWER BOWL CON FRUTTI ROSSI, MIRTILLI, YOGURT E MUESLI

- *40 g di **muesli***
- *250 g di **yogurt greco***
- *1 cucchiaino di **miele***
- *100 g di **frutti rossi** freschi*
- ***mirtilli***

Mescolate in una ciotola lo yogurt con il miele e decorate con mirtilli, frutti rossi e muesli.

POWER BOWL CON FRUTTI ROSSI, MORINGA, YOGURT, MANDORLE E AMARANTO

- *100 g di **amaranto** soffiato*
- *1 cucchiaino di polvere di **moringa***

- *40 g di **noci***
- *250 g di **yogurt greco***
- *200 g di **frutti rossi** freschi*

Mescolate in una ciotola lo yogurt con la polvere di moringa, poi spargete sopra le noci, l'amaranto e i frutti rossi.

POWER BOWL CON QUINOA, MANDORLE E PAPAYA

- *50 g di **quinoa***
- *300 g di latte di **mandorla***
- *½ **papaya***
- *1 manciata di **mandorle** e **semi di zucca***

Preparate un porridge con la quinoa e il latte di mandorla. Versate il tutto in una ciotola e ricoprite con papaya, mandorle e semi di zucca.

SEMIFREDDO ALLA CURCUMA, MANDORLE E PAPAVERO

- *250 ml di panna fresca*
- *1 cucchiaio di **curcuma***
- *1 cucchiaio di **semi di papavero***
- *1 pizzico di cannella*
- *300 ml di **yogurt greco***
- *100 g di zucchero*
- *8 g di colla di pesce*
- *succo di 1 arancia*
- *granella di **mandorle***

Mettete i fogli di colla di pesce a bagno in acqua fredda per 10 minuti.

Nel frattempo, lavorate lo yogurt con lo zucchero, il papavero e la curcuma.

Montate la panna a neve ferma e versatela delicatamente sul composto.

Fate scaldare il succo di arancia e sciogli etevi la colla di pesce strizzata, aggiungendo un pizzico di cannella.

Unitela al composto e, dopo avere mescolato molto bene, trasferite il semifreddo in uno stampo a piacere.

Fate riposare in frigorifero per circa 4 ore prima di servire con granella di mandorle e semi di papavero.

SESAMINI

- *300 g di* ***semi di sesamo***
- *50 g di zucchero di canna*
- *45 ml di* ***miele di manuka***

Stendete un foglio di carta da forno e preparate una bacinella d'acqua.

In un pentolino antiaderente dal fondo spesso fate sciogliere miele e zucchero a fuoco basso, mescolando continuamente con un cucchiaio di legno finché lo zucchero si scioglie del tutto.

Versate i semi di sesamo nel caramello bollente e mescolate energicamente perché tutti i semini siano ricoperti di zucchero e diventino dorati.

Trasferite subito il sesamo sul piano di lavoro preparato all'inizio e stendetelo in un unico strato dello spessore di mezzo centimetro con l'aiuto del matterello leggermente bagnato.

Con il coltello da cucina tagliate il blocco di sesamo in tanti bocconcini rettangolari, lavorando sempre velocemente e scaldando via via la lama del coltello.

SORBETTO ALLA PAPAYA E MELAGRANA

- *1 l d'acqua*
- *200 g di zucchero*
- *1* ***papaya***
- *chicchi di* ***melagrana***

Frullate la papaya.

Portate l'acqua a ebollizione in un tegame e aggiungete lo zucchero. Abbassate la fiamma e lasciate sobbollire per 5 minuti. Mescolateci la papaya frullata.

Lasciate raffreddare e fate riposare il sorbetto in freezer per 5-6 ore. Ogni 30 minuti mescolate il composto con un cucchiaio.

Quando è pronto, trasferitelo in coppette e guarnite con i chicchi di melagrana.

STRUDEL VEGANO DI SEMI DI PAPAVERO

Per la pasta:
- *500 g di farina*
- *85 g di burro vegetale*
- *30 g di lievito per dolci*
- *40 g di zucchero di* ***cocco***
- *2 cucchiai di latte di* ***mandorla***
- *sale*

Per il ripieno:

- *3 mele renette*
- *35 g di burro vegetale*
- *300 g di* ***semi di papavero*** *macinati*
- *100 g di zucchero di* ***cocco***
- *3 cucchiai di* ***miele di manuka***
- *1 pizzico di cannella*

Versate la farina in una ciotola capiente e aggiungete il burro a fiocchetti, amalgamandolo bene con la farina. Sciogliete il lievito in due cucchiai di latte di mandorla tiepido e lo zucchero, poi incorporatelo poco alla volta alla farina. Mescolate, coprite con un canovaccio e lasciate lievitare in un luogo caldo.

Preparate la farcitura amalgamando due mele e il burro a tocchetti, irrorate con il limone, la cannella, lo zucchero e i semi di papavero. Portate a ebollizione. Spegnete, aggiungete il miele e lasciate raffreddare.

Stendete la pasta lievitata su una spianatoia, spalmateci il ripieno e arrotolatela sigillando i bordi con le dita bagnate.

Mettete lo strudel nella teglia con carta da forno, spennellate la superficie con l'olio e infornate a 180 °C per 50 minuti circa, finché non sarà ben dorato.

TARTUFI CON ACAI E CACAO CRUDO

- *250 g di datteri*
- *2 cucchiaini di* ***acai*** *in polvere*
- *2 cucchiai di* ***cacao crudo*** *in polvere*
- *1 cucchiaino di cannella*
- *8* ***mandorle*** *pelate*
- *1 cucchiaio di* ***miele di manuka***

- *1 pizzico di sale*
- *1 cucchiaio d'olio di semi*
- *3 cucchiai di* ***cocco*** *rapè*

Mettete a mollo i datteri e le mandorle per un'ora in acqua e limone.

Frullate i datteri, le mandorle, la polvere di acai e tutti gli altri ingredienti fino a ottenere un composto omogeneo. Formate delle palline grandi come una noce e rotolatele nel cocco rapè. Fate raffreddare e servite.

TORTA AGLI ANACARDI, COCCO E CIOCCOLATO

- *120 g di farina di* ***cocco***
- *150 g di latte di* ***cocco***
- *150 g di burro*
- *75 g di* ***cacao amaro***
- *170 g di zucchero di canna*
- *3* ***uova***
- *70 g di* ***anacardi*** *non salati*

Lavorate il burro ammorbidito con lo zucchero. Unite uno alla volta i tuorli.

In un pentolino, intiepidite il latte e scioglietevi il cacao amaro. Unite poco alla volta, sempre lavorando l'impasto, il latte con il cacao, poi la farina setacciata con il lievito. Mescolate bene e aggiungete anche gli anacardi che avrete precedentemente tritato. Infine, amalgamate gli albumi montati a neve molto delicatamente, mescolando dal basso verso l'alto. Versate il composto in una teglia imburrata e infarinata, e infornate in forno già caldo a 175 °C per circa 45 minuti.

TORTA AL LATTE DI COCCO E FAVE DI CACAO

- *200 g di farina di mais*
- *200 g di farina 00*
- *16 g di lievito per dolci*
- *1 cucchiaino di* ***zenzero*** *grattugiato*
- *4* ***uova***
- *150 g di zucchero di* ***cocco***
- *80 ml d'olio di semi*
- *100 ml di latte di* ***cocco***
- *30 g di* ***cocco*** *rapè*
- *10* ***fave di cacao***

Ungete d'olio uno stampo, poi cospargetelo di farina di mais.

Preriscaldate il forno a 180 °C.

Mescolate bene tra loro le farine con il lievito.

Grattugiate lo zenzero e aggiungetelo al latte di cocco.

Separate gli albumi dai tuorli. Sbattete i tuorli con lo zucchero fino a ottenere un composto spumoso e, sempre continuando a sbattere, aggiungete l'olio a filo e poi le farine.

A parte montate a neve gli albumi, poi amalgamateli al composto. Trasferite nella tortiera preparata e infornate, decorate con cocco rapè e fave di cacao.

TORTA AL VAPORE AL MATCHA

- *200 g di farina*
- *½ cucchiaino di lievito in polvere per dolci*
- *2 cucchiaini di* ***tè matcha***
- *6* ***uova*** *divise in tuorli e albumi*
- *250 g di zucchero semolato*

- *2 ½ cucchiai d'acqua*
- *1 ½ cucchiaini di estratto di vaniglia*
- *2 cucchiaini di* ***semi di sesamo*** *per decorare*

Setacciate insieme la farina, il lievito e la polvere di tè verde.

In una ciotola mettete i tuorli, lo zucchero, l'acqua e l'estratto di vaniglia e mescolate velocemente. Incorporate a poco a poco anche gli ingredienti in polvere che avete setacciato fino a creare un impasto liscio.

Montate a neve ferma gli albumi e uniteli al composto con un movimento dal basso verso l'alto. Versate l'impasto in una tortiera.

Fate cuocere la torta a vapore su un cestello di bambù coperto con un canovaccio per 20 minuti.

Decorate con i semi di sesamo.

TORTA FONDENTE CON FAVE DI CACAO E ZENZERO CANDITO

- *200 g di* ***cioccolato fondente*** *al 75%*
- *20 g di* ***fave di cacao***
- *200 ml di panna fresca*
- *1 cucchiaio di zucchero a velo*
- *qualche pezzetto di* ***zenzero*** *candito*
- *1 spolverata di* ***cacao amaro***

Spezzettate il cioccolato, mettetelo in una bacinella di acciaio e fatelo sciogliere a bagnomaria. Quando la massa è fluida a circa 48 °C, temperatela colandola su un piano di metallo freddo e, con una spatola di acciaio, distribuitela riportando la temperatura a circa 34-36 °C, poi ritrasferitela nella bacinella precedente e riportatela a 48 °C, aggiungendo i pezzetti di zenzero candito.

In un'altra pentola intiepidite la panna e aggiungete il cioccolato, sempre mescolando. Quando il tutto è ben amalgamato, versate negli stampi e fate raffreddare in frigorifero.

Servite con una spolverata di cacao.

TORTA SOFFICE ALLA MELAGRANA

- *280 g di farina 00*
- *150 ml di succo di **melagrana***
- *3 **uova***
- *200 g di zucchero*
- *1 bustina di lievito per dolci*
- *130 ml d'olio di semi*

Sgranate due melagrane e mettete i chicchi in un passaverdura, filtrate e raccogliete il succo in una ciotola e mettete da parte.

In un'altra ciotola montate le uova a temperatura ambiente con lo zucchero.

Unite l'olio a filo e il succo delle melagrane continuando sempre a mescolare. Aggiungete la farina setacciata senza smettere di amalgamare, infine il lievito.

Imburrate e infarinate uno stampo e versatevi il composto, cuocete in forno preriscaldato a 180 °C per 30 minuti.

TORTA VEGANA CON CRANBERRY E FAVE DI CACAO

- *2 banane*
- *180 g di farina*
- *140 g di zucchero di canna*
- *70 ml d'olio di semi*
- *½ bustina di lievito*
- *80 g di granella di **fave di cacao***
- *80 g di **cranberry***

Schiacciate le banane con una forchetta. Poi aggiungete lo zucchero e mescolate fino a ottenere una crema. Incorporate l'olio a filo.

Setacciate la farina insieme al lievito. Unite al composto di banane. Aggiungete la granella di fave di cacao e il cranberry tenendone da parte due cucchiai per la guarnizione.

Distribuite in una teglia imburrata e infarinata e cospargete con la restante granella e cranberry.

Cuocete in forno caldo a 170 °C per circa 50 minuti.

TORTA VERDE AL MATCHA E GOJI

- *200 g di farina*
- *200 g di burro*
- *1 cucchiaio di **tè matcha***
- *2 **uova***
- *7 g di lievito per dolci*
- *200 g di zucchero*
- ***bacche di goji***

In un'ampia ciotola lavorate lo zucchero e il burro ammorbidito.

Incorporate al burro e allo zucchero due uova intere, continuando a mescolare, e amalgamate i componenti. Aggiungete poi a pioggia la farina, impastando con una forchetta. Unite il matcha e il lievito.

Imburrate e infarinate uno stampo, versate l'impasto ottenuto e infornate a 180 °C per 30 minuti. Sfornate e decorate con bacche di goji.

TZOALLI

- *8 cucchiai di* ***amaranto***
- *50 g di succo di* ***melagrana*** *fresco*
- *3 cucchiai di* ***miele***

Tostate l'amaranto e versateci il succo di melagrana e il miele, fate rapprendere mescolando a fuoco dolce, spegnete e versate su carta da forno. Date una forma al croccante e lasciate raffreddare.

BEVANDE

APERITIVO ANALCOLICO ALLA MELAGRANA E FRUTTI ROSSI

- *3* ***melagrane***
- *1 pugno di* ***ribes rosso*** *e* ***lamponi***
- *2 cucchiaini di zucchero di canna*
- *acqua frizzante fredda e cubetti di ghiaccio*
- *1 lime*

Aprite il frutto ed estraete i chicchi dentro uno scolapasta, eliminando la pellicina bianca. Lavateli, aggiungete ribes e lamponi, versate in un passaverdure o in una centrifuga, filtrate il succo con un colino a maglie finissime. Trasferite il liquido ottenuto in una brocca mescolando con acqua frizzante, ghiaccio tritato e succo di lime. Aggiungete due cucchiaini di zucchero di canna e mescolate con cura. Servite fresco con alcuni chicchi di melagrana dentro il bicchiere e una fetta di lime sul bordo come decorazione.

APERITIVO ANALCOLICO ALLA MORINGA E MIRTILLI

- *1 cucchiaino di* ***moringa***
- *1 bicchiere d'acqua di* ***cocco***
- *2 cucchiai di succo di* ***mirtilli***
- *2 foglie di menta*
- *1 lime*
- *ghiaccio*

Versate tutto in uno shaker e servite decorando con menta.

AYURVEDIC GOLDEN MILK

Per la pasta di curcuma:
- *1 tazza d'acqua*
- *½ tazza di polvere di* ***curcuma***
- *½ cucchiaino di pepe nero appena macinato*

Per il latte d'oro:
- *1 cucchiaino di pasta di* ***curcuma***
- *1 tazza di latte di* ***cocco***
- *½ cucchiaino d'olio vegetale o di ghee*

Per preparare la pasta di curcuma mettete a scaldare, senza bollire, l'acqua in un pentolino, aggiungete la curcuma in polvere e il pepe nero macinato e scaldate a fuoco lento per pochi minuti, fino a formare una pasta omogenea.

Potrete conservare la pasta dorata in un barattolo di vetro a chiusura ermetica per tre settimane, così l'avrete pronta per preparare la vostra bevanda miracolosa.

Prendete un pentolino e mescolate a fuoco dolce la pasta di curcuma con il latte di cocco, aggiungendo un elemento grasso (olio o burro) necessario insieme al pepe, per migliorare l'assorbimento dei principi attivi contenuti nella spezia.

Non dovete mai raggiungere l'ebollizione, che distruggerebbe le più preziose proprietà organolettiche della curcuma.

Versate il latte d'oro in una tazza e aggiungete un'altra spolveratina di pepe macinato.

Otterrete una bevanda confortante, gradevole al palato e di un brillante color oro.

Assumetene una tazza ogni sera per quaranta giorni di seguito e i risultati saranno sorprendenti.

CASSIS

- *500 g di **ribes nero***
- *qualche foglia di **ribes***
- *7 dl di alcol*
- *320 g di zucchero*
- *1 dl d'acqua bollita fredda*

In un vasetto a chiusura ermetica mettete i frutti di ribes nero insieme alle foglie e schiacciateli con un cucchiaio di legno oppure con le mani.

Versate l'alcol, chiudete il vaso e lasciate in infusione in un luogo fresco e buio per circa trenta giorni.

Al termine del mese, fate bollire l'acqua, aggiungete lo zucchero, mescolate bene e lasciate raffreddare.

Filtrate l'alcol e il ribes, poi aggiungete l'acqua fredda. Imbottigliate e conservate in un luogo asciutto. Degustate con champagne.

CHAI CON LATTE DI ANACARDI

- *1 bastoncino di cannella*
- *½ cucchiaino di pepe nero in grani*
- *½ cucchiaino di cardamomo*
- *½ cucchiaino di chiodi di garofano*
- *½ cucchiaino di **zenzero** fresco*
- *1 cucchiaio di **tè matcha***
- *1 cucchiaino di **miele***
- *300 ml di latte di **anacardi***

Mettete tutte le spezie in un pentolino con il latte di anacardi e il miele.

Portate a ebollizione, poi abbassate la fiamma e fate cuocere per 20 minuti a pentola scoperta.

Spegnete e aggiungete il tè.

Rimuovete il bastoncino di cannella, lasciate riposare l'infuso qualche minuto e versate nelle tazze.

CHIA FRESCA

- *100 g di **semi di chia***
- *100 ml di succo di lime*
- *2 l d'acqua di **cocco***
- *100 g di zucchero di **cocco***

Immergete i semi nell'acqua per circa un'ora in modo che si ammorbidiscano.

Aggiungete il succo di lime e lo zucchero e mescolate bene.

CIOCCOLATA IN TAZZA

- *125 g di **cioccolato fondente** extra*
- *3 cucchiai rasi di zucchero a velo*
- *3 cucchiai di **cacao amaro** in polvere*
- *150 ml d'acqua*
- *1 stecca di vaniglia*

Sciogliete a bagnomaria il cioccolato fondente.

In un pentolino fate bollire l'acqua insieme alla vaniglia e filtrate.

Aggiungete zucchero e cacao e mescolate continuamente. Fate sobbollire senza che si creino grumi.

Togliete dal fuoco e unite al composto il cioccolato fondente sciolto a bagnomaria, amalgamate bene e servite.

CRANBERRY CRUSH

- *600 ml di succo di **cranberry***
- *1 manciata di **cranberry***
- *600 ml di succo di arancia*
- *1 anice stellato*
- *1 rametto di rosmarino*
- *150 ml d'acqua di **cocco***
- *1 cucchiaino di **zenzero***
- *1 cucchiaino di **miele***

Mescolate gli ingredienti e servite freddo guarnendo con cocco grattugiato sul bordo bagnato del bicchiere, cranberry freschi e rosmarino.

DIVINE CRUSH

- *⅓ di succo di **mirtilli***
- *⅓ di vodka*
- *⅓ di Cointreau*
- *1 pezzetto di **zenzero** fresco*
- *1 spruzzata di succo di limone*

Mettete tutti gli ingredienti in uno shaker e agitate, versate in un tumbler e insaporite con qualche fettina di zenzero.

ESTRATTO DI MELAGRANA, GOJI E ZENZERO

- *chicchi di 1* ***melagrana***
- *1 cucchiaio di* ***bacche di goji***
- *1 mela*
- *1 pezzetto di* ***zenzero*** *fresco*

Sbucciate e fate a pezzetti una mela, aggiungete i chicchi di una melagrana, il goji e lo zenzero sbucciato, inserite tutto nell'estrattore e azionatelo. Bevete subito.

FRAPPÈ AL MATCHA E GOJI

- *1 cucchiaino di* ***tè matcha***
- *1 tazza di latte di* ***cocco***
- *1 cubetto di ghiaccio*
- *1 cucchiaio di* ***bacche di goji***
- *1 cucchiaino di* ***semi di lino***

Frullate tutto fino a ottenere una consistenza omogenea.

FRULLATO AI FRUTTI ROSSI E CHIA

- *1 cucchiaio di* ***semi di chia***
- *1 bicchiere di latte di* ***mandorla***
- *100 g di* ***frutti rossi*** *freschi*

Mettete i semi di chia a mollo nel latte e lasciate riposare per circa 15 minuti.

Lavate i frutti rossi e frullate tutto.

FRULLATO CON AVOCADO E BASILICO

- *1 **avocado***
- *2 cucchiai di **semi di lino** in polvere*
- *1 lime*
- *3 cucchiai d'acqua di **cocco***
- *4 foglie di basilico*
- *zucchero di canna*

Nel mixer frullate la polpa di un avocado e aggiungete anche quattro foglie di basilico. Frullate e poi unite l'acqua di cocco, un goccio di succo di lime, il lino e un pizzico di zucchero di canna.

FRULLATO CON AVOCADO, NOCI E BACCHE DI GOJI

- *1 **avocado***
- *200 ml di latte di **soia***
- *1 manciata di **bacche di goji***
- *1 manciata di **noci***

Frullate per qualche secondo il tutto fino a ottenere un composto omogeneo.

FRULLATO CON CURCUMA, ZENZERO, YOGURT E FICHI

- *1 vasetto di **yogurt greco***
- *½ cucchiaino di **curcuma***

- *1 pezzetto di **zenzero***
- *4 fichi sbucciati*
- *1 cucchiaio di **miele di manuka***
- *1 pugno di **mandorle***

Mettete tutti gli ingredienti nel frullatore e azionatelo fino a ottenere un composto omogeneo.

Bevete il frullato senza filtrarlo e servitelo con mandorle.

FRULLATO CON GOJI E CHIA

- *1 cucchiaio di **semi di chia***
- *1 bicchiere di latte di **cocco***
- *100 g di **bacche di goji***
- *4 **noci***

Mettete i semi di chia a mollo nel latte e lasciate riposare per circa 15 minuti.

Aggiungete il goji e le noci e frullate tutto.

FRULLATO DETOX CON ERBA DI GRANO E SPIRULINA

- *1 vasetto di **yogurt greco***
- *½ cucchiaino di **spirulina***
- *½ cucchiaino di **erba di grano***
- *1 pezzetto di **zenzero***
- *1 cucchiaio di **miele di manuka***

Frullate tutto e bevete freddo.

FRULLATO DETOX CON MIRTILLI, CAVOLO NERO E SEMI DI LINO

- *2 manciate di foglie di **cavolo nero***
- *2 tazze d'acqua*
- *2 mele*
- *½ tazza di **mirtilli***
- *2 cucchiai di **semi di lino** in polvere*

Frullate le foglie di cavolo nell'acqua dove avrete ammollato i semi di lino, fino a ottenere un succo verde. Aggiungete gli ingredienti restanti e frullate ancora finché il composto avrà una consistenza cremosa.

FRULLATO DI BANANA, KALE, SEMI E MANDORLE

- *50 ml di latte*
- *1 banana*
- *½ cucchiaino di **semi***
- *100 g di **kale***
- *5 **mandorle***
- *1 cucchiaio di **yogurt greco***

Frullate tutto e bevete freddo.

FRULLATO DI BANANA, SPIRULINA, ERBA DI GRANO E ALBUMI

- *250 g di albumi d'**uovo** pastorizzati*
- *50 ml di latte di **mandorla***

- *1 banana*
- *½ cucchiaino di **spirulina***
- *½ cucchiaino di **erba di grano***

Nel bicchiere del mixer versate gli albumi e il latte e frullate bene. Unite poi la banana tagliata a pezzetti e versatela nel mixer con la spirulina e l'erba di grano.

FRULLATO DI MIRTILLI, CHIA E LATTE DI MANDORLA

- *200 ml di latte di **mandorla***
- *½ tazza di **mirtilli***
- *2 cucchiai di **semi di chia***
- *1 cucchiaino di **miele***

Rinvenite la chia fino a renderla gelatinosa, poi mettetela nel frullatore con i mirtilli, il miele e il latte di mandorla.

Frullate fino a ottenere un composto omogeneo e guarnite con menta.

FRULLATO DI MORINGA E MELAGRANA

- *2 pere*
- *1 **melagrana***
- *1 limone*
- *150 ml d'acqua minerale*
- *20 g di **mandorle***
- *1 cucchiaio di polvere di **moringa***
- *1 cucchiaino di **miele***

Ottenete il succo dalla melagrana, sbucciate la pera e fatela in pezzi.

Frullate tutti gli ingredienti nel frullatore fino a ottenere un composto vellutato.

FRULLATO DI MORINGA E PAPAYA

- *2 fette di ananas fresco*
- *½ **papaya***
- *1 limone*
- *150 ml d'acqua minerale*
- *20 g di **anacardi***
- *1 cucchiaio di polvere di **moringa***
- *1 cucchiaino di **miele***

Ottenete il succo dal limone, sbucciate la frutta e fatela in pezzi.

Frullate tutti gli ingredienti nel frullatore fino a ottenere un composto vellutato.

FRULLATO VERDE CON ERBA DI GRANO E KALE

- *mele*
- *latte di **cocco***
- *100 g di **kale***
- *200 ml d'acqua*
- *1 cucchiaino di polvere di **erba di grano***

Frullate tutto e bevete freddo.

IPPOCRASSO

- *1 l di vino rosso fermo e non troppo tanninico*
- *100 ml di **miele***
- *3 g di **zenzero** in polvere*
- *3 g di cannella spezzettata*
- *3 g di **galanga** spezzettata*

Sciogliete bene il miele nel vino, mescolate tutte le spezie e fate riposare per almeno 3 ore, rimescolando di tanto in tanto. Filtrate con un colino e servite il vino speziato medievale e dissetante non freddo.

LASSI CON PAPAYA

- *½ **papaya***
- *250 ml di latte*
- *1 cucchiaio di zucchero di canna*
- *100 g di **yogurt** naturale*

Tagliate in due parti la papaya e prelevate metà della polpa con un cucchiaio.

Frullate la papaya per ridurla in poltiglia, quindi aggiungete il latte, lo zucchero e lo yogurt e frullate fin quando tutti gli ingredienti non saranno ben amalgamati. Servite freddo.

LATTE DI AMARANTO E MELAGRANA

- *100 g di **amaranto***
- *100 g di **melagrana***

Mettete a bagno i semi di amaranto per circa un'ora e poi sciacquateli bene.

In una pentola capiente portate a bollore un litro e mezzo d'acqua e aggiungetevi i semi. Lasciate cuocere a fuoco basso per circa 15 minuti. Spegnete e lasciate raffreddare il tutto.

Frullate con un mixer a immersione. Filtrate bene in una bottiglia di vetro pulita, utilizzando un colino o una garza sterile. Non buttate la parte solida perché potete utilizzarla per preparare polpettine o altre ricette.

Ottenete il succo da una melagrana e mescolatelo con il latte di amaranto.

LATTE DI UNICORNO

- *250 ml di latte di* ***cocco***
- *15 g di* ***zenzero*** *fresco*
- *1 cucchiaino di* ***curcuma***
- *1 cucchiaio di* ***spirulina***
- *1 cucchiaino di* ***miele***
- *1 cucchiaio di succo di limone*

Frullate tutti gli ingredienti e servite fresco decorando con codette colorate di zucchero e panna montata.

LIMONATA ALLA CHLORELLA

- *2 limoni medi*
- *1 l circa d'acqua naturale*
- *4 cucchiaini di polvere di* ***chlorella***

- *3 cucchiai di **miele***
- *zucchero di **cocco***

Spremete i limoni.
Mescolate tutto in una caraffa e servite fredda.

ORZATA

- *200 g di **mandorle** dolci sgusciate*
- *10 **mandorle** amare sgusciate*
- *400 g di zucchero*
- *600 ml d'acqua*

Sbollentate le mandorle per qualche secondo per togliere la pellicina che le ricopre. Asciugatele bene e pestatele in un mortaio. Aggiungete 200 ml d'acqua, mescolate e poi filtrate attraverso una garza.

Rimettete la pasta filtrata in un recipiente e diluitela con altri 200 ml d'acqua. Passate nuovamente attraverso la garza, strizzando bene, e ripetete per la terza volta l'operazione con l'acqua rimasta.

Raccogliete il latte di mandorla in un recipiente e portate sul fuoco. Appena comincerà a bollire, incorporate lo zucchero a fiamma spenta. Mescolate accuratamente e rimettete sul fuoco.

Calcolate 20 minuti di cottura da quando riprende il bollore.

Togliete dal fuoco e lasciate raffreddare completamente.

Quindi imbottigliate e tappate conservando al fresco.

SMOOTHIE DI ACAI E PAPAYA

- *1 bicchiere di latte di* ***cocco***
- *½* ***papaya*** *matura*
- *3 cucchiai di polpa di* ***acai***
- *1 fetta di lime*

Sbucciate e tagliate la papaya, con un cucchiaio prelevate mezza polpa e mettetela nel frullatore, aggiungete il latte di cocco e la polpa di acai e frullate. Decorate con una fetta di lime.

SMOOTHIE DI ACAI, MIRTILLO E BANANA

- *½ banana a pezzi*
- *1 manciata di* ***mirtilli***
- *150 ml di succo di* ***acai***

Tagliate la banana a pezzetti, mettetela nel frullatore con i mirtilli e il succo di acai e frullate fino a ottenere una consistenza cremosa.

SMOOTHIE DI BANANA, MANDORLE E CACAO

- *150 ml di latte*
- *1 banana*
- *1 cucchiaio di* ***cacao amaro***
- *1 cucchiaio di* ***mandorle***

Tagliate la banana a pezzetti, mettetela nel frullatore con il cacao, il latte e le mandorle fino a ottenere un composto omogeneo.

SMOOTHIE DI COCCO, MIRTILLO E ANANAS

- *4 fette di ananas fresco*
- *1 manciata di **mirtilli***
- *150 ml di latte di **cocco***

Tagliate l'ananas a pezzetti, mettetelo nel frullatore con i mirtilli e il latte di cocco e frullate fino a ottenere una consistenza omogenea.

SMOOTHIE DI CURCUMA, LATTE DI COCCO E PAPAYA

- *1 bicchiere di latte di **cocco***
- *½ **papaya** matura*
- *½ cucchiaino di **curcuma***
- *pepe nero*

Sbucciate e tagliate la papaya, con un cucchiaio prelevate mezza polpa con i semi e mettetela nel frullatore, aggiungete il latte di cocco e la curcuma e frullate con un pizzico di pepe nero.

SMOOTHIE DI FAVE DI CACAO CON LATTE DI MANDORLA

- *100 g di **fave di cacao***
- *250 ml di latte di **mandorla***
- *qualche foglia di menta*

Frullate le fave di cacao con il latte di mandorla e guarnite con menta.

SMOOTHIE DI MIRTILLI CON MENTA

- *100 g di **mirtilli***
- *250 ml di latte di **mandorla***
- *qualche foglia di menta*

Frullate i mirtilli con il latte di mandorla e guarnite con menta.

SMOOTHIE DI PAPAYA, GOJI E MIELE

- *½ **papaya** matura*
- *2 cucchiai di **bacche di goji***
- *1 cucchiaino di **miele di manuka***

Frullate tutto e bevete freddo.

SMOOTHIE DI TÈ VERDE, CAVOLO NERO, YOGURT E AVOCADO

- *1 tazza di **tè verde** freddo filtrato*
- *50 g di **cavolo nero***
- *2 cucchiai di **yogurt greco***
- *1 **avocado** piccolo*
- *2 cubetti di ghiaccio*

Frullate tutti gli ingredienti fino a ottenere una consistenza omogenea.

SMOOTHIE DI TÈ VERDE, PAPAYA E ANANAS

- *1 tazza di **tè verde** freddo filtrato*
- *1 **papaya***
- *3 fette di ananas fresco*
- *1 cucchiaio di **semi di papavero***

Frullate tutti gli ingredienti fino a ottenere una consistenza omogenea.

SMOOTHIE DI TÈ VERDE, ZENZERO, MIRTILLI E FRUTTI ROSSI

- *1 tazza di **tè verde** freddo filtrato*
- *1 cucchiaio di **frutti rossi***
- *1 cucchiaio di **mirtilli***
- *1 cucchiaino di **zenzero** grattugiato*

Frullate tutti gli ingredienti fino a ottenere una consistenza omogenea.

SUCCO DI COCCO, ERBA DI GRANO E CHLORELLA

- *250 ml d'acqua di* ***cocco***
- *150 ml di succo di* ***erba di grano***
- *1 cucchiaino di* ***chlorella*** *in polvere*
- *1 cucchiaio di zucchero di* ***cocco***
- *alcuni cubetti di ghiaccio*

Mescolate tutto e servite *on the rocks.*

SUCCO VIVO CON MELAGRANA E FRUTTI ROSSI

- *80 g di zucchero di* ***cocco***
- *80 g di cubetti di ghiaccio*
- *1 limone*
- *80 g di* ***frutti rossi***
- *400 ml d'acqua*
- *3* ***melagrane***

Prelevate i chicchi dalle melagrane, pulite i frutti rossi, sbucciate il limone.

Mettete tutto nell'estrattore e bevete subito.

SUCCO VIVO CON ZENZERO, CHIA E MIRTILLI

- *4 cm di* ***zenzero***
- *100 g di* ***mirtilli***
- *1 limone*
- *1 cucchiaio di* ***semi di chia***

Pelate lo zenzero e tagliate il limone a spicchi.

Inserite gli spicchi di limone e i mirtilli all'interno dell'estrattore di succo, avendo cura di unire per ultimi lo zenzero e la chia rinvenuta in acqua.

SUCCO VIVO DI COCCO E PAPAYA

- *1* ***papaya***
- *1 lime*
- *½* ***cocco***

All'interno dell'estrattore inserite il cocco e la papaya a dadini, poi aggiungete il lime, azionate e bevete subito guarnendo con foglie di menta.

TÈ DI MORINGA E MIELE DI MANUKA

- *1 tazza d'acqua minerale*
- *1 cucchiaio di* ***tè di moringa***
- *1 cucchiaino di* ***miele di manuka***

Versate l'acqua minerale bollente, unite la moringa e lasciate in infusione per 5 minuti. Filtrate e dolcificate con il miele.

TÈ MATCHA AI SEMI DI CHIA

- *1 tazza d'acqua minerale*
- *1 cucchiaio di* ***semi di chia***
- *1 cucchiaino di polvere di* ***tè matcha***
- *1 cucchiaino di zucchero di* ***cocco***

Immergete i semi nell'acqua per circa un'ora in modo che si ammorbidiscano e scaldate l'acqua a 70 °C.

Aggiungete il matcha e lo zucchero e mescolate bene.

TÈ VERDE CON CURCUMA, ZENZERO E LEMONGRASS

- *1 tazza d'acqua minerale*
- *1 cucchiaio di* ***tè verde*** *in foglie*
- *1 cucchiaino di* ***zenzero*** *grattugiato*
- *1 pizzico di* ***curcuma***
- *1 stelo di lemongrass*

Versate l'acqua minerale scaldata al massimo a 85 °C, triturate la lemongrass, mescolate tutti gli ingredienti e lasciate in infusione per 10 minuti.

Filtrate e servite.

TISANA AI TRE ZENZERI

- *1 tazza d'acqua minerale*
- *½ cucchiaino di* ***galanga***
- *½ cucchiaino di* ***curcuma***

- *½ cucchiaino di* ***zenzero***
- *1 cucchiaino di* ***miele di manuka***

Versate l'acqua minerale scaldata al massimo a 85 °C, mescolate tutti gli ingredienti e lasciate in infusione per 10 minuti.

Filtrate e servite questa tisana benefica ayurvedica con fette di limone e dolcificate con miele.

TISANA ZENZERO E CURCUMA

- *1 tazza d'acqua minerale*
- *½ cucchiaino di* ***curcuma***
- *1 cucchiaino di* ***zenzero*** *grattugiato*
- *1 cucchiaino di* ***miele di manuka***

Versate l'acqua minerale scaldata al massimo a 85 °C, mescolate tutti gli ingredienti e lasciate in infusione per 10 minuti.

Filtrate e servite questa tisana rigenerante con fette di limone e dolcificate con miele.

BIBLIOGRAFIA

V. Anzalone – F. Consonni, *Le Alghe: vita-scienza-futuro*, Consonni Corona Corporation Edizioni, Milano 1997.

V. Anzalone – F. Consonni, *Prontuario di alimentazione nutriceutica con Alghe*, I edizione, Consonni Corona Corporation Edizioni, Milano 2002.

V. Anzalone – F. Consonni, *Ricette Mediterranee, la vera arte della cucina con le Alghe*, Consonni Corona Corporation Edizioni, Milano 2002.

G. Betto, *I frutti tropicali in Italia*, Rizzoli, 1982.

A. Dalby, *Dangerous Tastes: The Story of Spices*, The British Museum Press, 2000.

J. Oliver, *Everyday Super food*, Michael Joseph, 2015.

A. Saury, *Le alghe sorgente di vita*, Musumeci Editore, Aosta 1984.

D. Wolfe, *Superfoods: The Food and Medicine of the Future*, North Atlantic Books, 2009.

INDICI

INDICE ALFABETICO DELLE RICETTE

INDICE

IPPOLITA DOUGLAS SCOTTI

ZENZERO E CURCUMA

Volume rilegato, pagine 324, euro 4,90

Le molteplici proprietà benefiche di curcuma e zenzero sono conosciute fin dall'antichità. I due rizomi orientali sono da sempre usati nella cucina ayurvedica e in quella etnica ma l'uso di queste spezie preziose rappresenta per la nostra cultura gastronomica ancora un territorio non completamente esplorato. Sono spezie che attualmente vivono una riscoperta grazie a studi medici che hanno confermato le loro proprietà salutari. La curcuma è preziosa per le sue qualità antiossidanti e per contrastare disturbi di tipo digestivo e patologie infiammatorie, infettive e degenerative; lo zenzero è apprezzato per le sue proprietà toniche, eupeptiche, antisettiche e stimolanti. Corredato di 400 ricette di cui alcune riprese dalla tradizione culinaria orientale, il libro spiega come esaltare il gusto dei piatti, anche tradizionali, arricchendoli con il salutare tocco colorato della curcuma e con la stimolante esuberanza dello zenzero. Tutte le ricette, divise per portate, sono facili da eseguire e di grande effetto in tavola.

NEWTON COMPTON EDITORI